미래를 지배한
빌게이츠

빌게이츠

김이진 지음

자음과모음

TIME

소년, 컴퓨터에 빠지다

천재 사업가의 어린 시절

미국 워싱턴으로 돌아가는 비행기 안은 고요했다. 비좁고 불편한 비행기 이등석에 앉아 긴 여행길에 올랐던 승객들은 모두 깊은 잠에 빠져들었다. 승객 중 그 누구도 이 비행기의 이등석 칸에 세계 최고의 부자가 타고 있다는 사실을 알지 못했다.

밤 비행의 고단한 분위기를 가르며 한 남자 승객이 부스스 일어났다. 텅 비어 있는 비행기 맨 뒷좌석을 향해 성큼성큼 걸어간 그는 곧 비행기 뒷좌석을 완전히 점령하고 편하게 두 다리를 뻗었다. 어린아이처럼 싱긋 웃는 얼굴에 커다란 안경이 도드라져 보였다.

이등석 의자에서 세상 누구보다 편안하게 누워 있는 이 중년의 남자가 바로 억만장자 빌 게이츠였다. 마이크로소프트(Microsoft)

의 최고 경영자 빌 게이츠, 전 세계 인구의 90퍼센트 이상이 윈도를 사용하는 그의 고객이다. 빌 게이츠는 이 비행기보다 훨씬 더 높이 비상하고 있었다.

잠이 든 그의 얼굴에 행복한 미소가 스치고 지나갔다. 기분 좋은 꿈을 꾸고 있는 것이 틀림없었다. 꿈속에서 그는 작고 귀여운 금발의 소년이었다.

비틀스보다 카드놀이

'딸깍' 라디오를 켜면 어김없이 흘러나오는 비틀스의 노래가 미국 청소년들을 사로잡고 있었다. 아이들은 흥얼흥얼 유행가를 따라 부르며 록 스타들을 흉내 내기에 정신이 없었다. 1960년대 미국은 이렇게 시끌벅적하고 활기에 넘쳤다. 하지만 미국 워싱턴 주 시애틀에 위치한 고급 저택에는 긴장감이 감돌았다. 거실 탁자에서는 완고한 표정의 할머니와 열 살 정도 된 듯한 금발머리 소

년이 카드놀이를 하고 있었다.

카드놀이는 답답할 정도로 더뎠다. 소년은 잔뜩 망설이는 손놀림으로 카드를 만지작거리기만 할 뿐, 선뜻 카드를 내놓지 않았다. 그러나 할머니는 재촉은커녕 느긋하게 손자의 결정을 기다렸다.

할머니는 나직이 속삭였다.

"트레이, 괜찮다. 어떤 카드를 내놓을지 더 천천히, 빈틈없이 생각해 보렴."

손자와 카드놀이를 할 때마다 할머니는 늘 이렇게 충고했다.

할머니는 카드놀이를 무척 좋아했는데, 그의 손자 트레이는 훌륭한 카드놀이 상대였다. 누구보다 승부욕이 강한 트레이 역시 카드놀이라면 자다가도 벌떡 일어날 정도였다. 하지만 두 사람에게 카드놀이는 하나의 놀이로 그치지 않았다. 할머니는 손자에게 상대방을 읽는 기술과 함정에 빠지지 않는 법을 가르치고 싶어 했다. 트레이라 불린 소년, 빌 게이츠는 훗날 세계 최고의 기업가가 되기 위한 기술을 일찌감치 터득하고 있었던 것이다.

윌리엄 H. 게이츠

'트레이'는 할머니가 붙여 준 빌 게이츠의 별명이다. 트레이는 카드놀이에 등장하는 단어였는데, 할머니는 빌 게이츠를 트레이라고 부르기를 좋아했다.

빌 게이츠는 여러 개의 이름을 가지고 있었다. 그가 태어날 때 붙여진 정식 이름은 윌리엄 헨리 게이츠였다. 하지만 학교에 들어가고 나서부터 윌리엄 헨리 게이츠는 간단하게 빌 게이츠로 불렸다.

빌 게이츠는 1955년 10월 28일 워싱턴 주 시애틀에서 태어났다. 어머니를 쏙 빼닮은 금발머리에 파란 눈을 가지고 태어난 빌 게이츠의 어린 시절은 풍요로웠다. 게이츠 가는 시애틀의 유명한 명문가였다. 변호사인 아버지와 학교 선생님이었던 어머니, 은행장을 지낸 할아버지는 빌 게이츠의 든든한 울타리가 되어 주었다. 하지만 어린 시절의 빌 게이츠는 집안의 부유하고 모범적인 기질과는 거리가 먼 듯해 보였다.

단정한 옷차림에 비쩍 마른 몸매, 겉으로 보기엔 평범하기 짝이 없는 아이였지만, 빌 게이츠는 겉모습과는 정반대로 집과 학교에서 골칫덩어리였다. 학교생활에 재미를 느끼지 못한 이 어린 소년은 양손으로 글씨를 쓰면서 따분함을 견디기도 했다.

수업 시간에 '뭔가 더 재미있는 일이 없을까' 하는 공상에 빠져 혼자 눈알을 팽글팽글 굴려 가며 키득거리는 아이가 있다면 그가 바로 빌 게이츠였다.

구제 불능 소년

선생님은 조용하게 시를 읽고 있는 다른 학생들 사이에서 키득

대고 있는 빌 게이츠를 발견했다.

'저 녀석 또 시작이군. 따끔한 맛을 보여 줘야겠어.'

분명히 또 엉뚱한 상상을 하고 있다고 생각한 선생님은 빌 게이츠를 일으켜 세웠다.

"빌 게이츠! 지금 배운 시를 외워 보도록 해라."

단단히 벼르고 있는 선생님의 날카로운 눈초리는 아랑곳하지 않고 빌 게이츠는 곧 터질 것 같은 웃음을 가까스로 참으며 일어났다. 다른 아이들은 빌이 또 무슨 엉뚱한 짓을 저지를지 잔뜩 기대하는 눈치였다. 빌은 우스워 죽겠다는 듯한 표정으로 시를 외우기 시작했다.

"나는 허공에 화살을 쏘았다네. 탁! 탁!"

빌 게이츠는 '탁! 탁!' 부분을 강조하며 신나게 시를 외워 갔다. 선생님은 그럴 줄 알았다는 듯 따끔하게 주의를 주었다.

"탁! 탁! 이라니? 교과서에 나오지도 않는 단어를 제멋대로 붙여 넣는구나! 다시 외워 봐."

빌 게이츠는 선생님의 근엄한 목소리에도 전혀 주눅 들지 않고 다시 시를 읊었다.

"나는 허공에 화살을 쏘았다네. 탁 타다다닥! 탁탁!"

교실은 금세 웃음바다로 변했고, 아이들은 저마다 빌 게이츠를 흉내 내기 시작했다.

“탁탁! 탁 타다다닥!”

이처럼 수업 시간은 빌 게이츠 때문에 종종 엉망진창이 되었다. 빌 게이츠의 부모님은 늘 학교에 불려 다녀야만 했다.

“빌 때문에 다른 학생들도 주의가 산만해지고 있습니다. 게다가 자신의 아이가 빌의 영향을 받고 있다는 학부모들의 항의도 이만저만이 아닙니다. 부모님께서 좀 따끔하게 혼내 주시죠.”

선생님께 불려 가서 또 한 번 경고를 받은 빌 게이츠의 어머니는 산만하기 짝이 없는 아들의 버릇을 이번에는 제대로 고쳐 주리라 결심했다. 결국 빌 게이츠는 아동 심리학자에게 보내졌다.

심리학자의 사무실을 처음 방문한 날, 빌 게이츠의 두 눈은 휘둥그레졌다. 책장을 빼곡하게 채우고 있는 각종 전문 서적이 너무나 근사하게 보였기 때문이었다. 그뿐만이 아니었다. 상담 중에 심리학자가 내뱉는 어려운 용어들은 빌 게이츠의 호기심을 잔뜩 자극했다. 빌은 아동 심리학자에게 심리 상담을 받으러 가는 날이면 마치 놀이공원에 가는 것처럼 가슴이 두근거렸다. 그러니 아들의 산만한 버릇을 고쳐 놓겠다는 어머니의 바람이 제대로 이루어질 리가 없었다.

상담 과정이 모두 끝나고 심리학자는 빌 게이츠의 어머니를 불렀다. 그리고 빌에게 가장 어울리는 처방을 내렸다.

“빌에게 모범생이 되라고 강요하는 것은 쓸데없는 짓입니다. 매를 든다고 해도 빌에게는 아무런 효력이 없을 겁니다. 그냥 내버려 두는 게 가장 좋은 방법입니다."

집으로 돌아온 빌의 어머니는 상담 과정이 끝난 것을 마냥 아쉬워하는 철부지 아들을 안쓰럽게 바라보았다. 어머니의 입에서는 한숨이 절로 튀어나왔다. 심리학자의 이야기는 빌 게이츠가 결국 구제 불능이라는 말과 다름없기 때문이었다. 하지만 빌의 어머니가 미처 발견하지 못한 것이 하나 있었다. 그것은 장난기와 산만함 뒤에 숨겨진 빌의 남다른 능력이었다. 빌은 늘 새로운 도전거리들을 찾아다녔고, 도전과 정복의 기쁨을 만끽하고 있었다. 오로지 빌 게이츠 자신만의 세계였다.

백과사전 정복

빌의 하루는 늘 바쁘게 흘러갔다. 다른 사람들은 알지 못하는 자신만의 목표를 세워 행동에 옮기고 있었기 때문이다.

일곱 살이 되던 해였다. 빌이 엄청나게 두꺼운 책과 씨름하고 있었다. 그 책은 또래 아이들에게는 전혀 재미가 없어 보이는, 깨알만 한 글씨가 빽빽하게 들어찬 백과사전이었다. 딱딱하고 건조한 설명으로 가득 찬 백과사전이었지만, 빌에게는 교과서보다 훨씬 재미있게 느껴졌다. 책장을 넘길 때마다 세상의 모든 비밀이 풀리는 것만 같아 얼굴까지 환해졌다.

“이 백과사전을 처음부터 끝까지 모조리 외워 버릴 거야!”

교과서에 나오는 시 한 편도 진지하게 외우지 못하는 빌은, 일곱 살이던 그해 거짓말처럼 백과사전을 모조리 외우고 말았다.

백과사전을 통째로 외워 버린 빌은 다음 목표를 위해 책장으로 시선을 돌렸다. 책장에는 그의 흥미를 끄는 책들이 가득 꽂혀 있었다. 그중에서 빌 게이츠는 『나폴레옹 전기』를 꺼내 들었다. 그의 다음 목표는 위인전을 모두 읽어 치우는 것이었다.

지독한 독서광이었던 덕에 ‘책 읽기 대회’가 열리면 1등은 늘 빌의 차지였다. 비록 학교 성적은 1등과 거리가 멀었지만 빌 게이츠는 전혀 개의치 않았다.

산상수훈 외우기

어느 날 빌 게이츠가 부모님과 주변 사람들을 놀라게 한 사건이 발생했다. 교회에서 성경 공부 시간이 끝나자 목사님은 아이들에게 뜻밖의 숙제를 내 주었다.

“여러분 중 단 한 명이라도 다음 시간까지 산상수훈(신약 성경 『마태복음』 5~7장에 실려 있는 예수의 가르침. 신앙생활의 근본 원리가 간명하게 기술되어 있다)을 다 외워 오면 모두에게 점심을 사 주겠습니다.”

빌 게이츠를 비롯한 아이들은 목사님의 말이 떨어지기가 무섭게 “야호!” 하고 소리를 질렀다. 산상수훈의 내용이 얼마나 길고 어려운지는 그 순간 아이들의 머릿속에서 까맣게 잊혀졌다. 환호하는 아이들을 보면서 목사님은 회심의 미소를 지었다. 목사님은 아이들 중 누구도 다음 시간까지 산상수훈을 외우지 못할 것이라고 생각했다. 단지 이번 기회를 통해 성경을 꼼꼼히 읽게 하자는 것이 목사님의 작전이었다.

목사님의 그럴듯한 제안에 빌 게이츠 역시 도전 정신으로 불타올랐다. 그러면서도 빌은 좀 이상했다. 상 받을 기대를 잔뜩 하고 있으면서도 성경책을 한 번도 들춰 보지 않는 것이었다.

시험 날짜가 코앞에 닥친 어느 날, 가족들과 해변 나들이를 떠난 빌은 자동차 뒷좌석에서 따분해하더니 성경책을 펼쳐 들었다. 부모님은 그런 빌을 흐뭇하게 바라보았다. 하지만 빌의 집중력은 오래가지 못했다. 그냥 한 번 쓰윽 훑어보더니 곧 성경책을 덮는 것이었다. 부모님은 한숨을 내쉬었다.

드디어 산상수훈 암송 시험을 보는 날이 되었다. 아이들은 차례대로 목사님 앞에 나와 각자의 암기 실력을 뽐냈다. 하지만 목사님의 예상이 맞았다. 서른한 명이나 되는 아이들이 도전했지만 끝까지 산상수훈을 외우는 아이는 단 한 명도 없었다. 절반도 채 못 외우고 고개를 떨어뜨린 아이들 틈에서 드디어 빌 게이츠의 차례가 왔다. 그런데 빌은 아무렇지도 않게, 단 한 번의 막힘도 없이 산상수훈 구절을 줄줄 외우기 시작했다.

'아니, 멍청이에다 말썽꾸러기인 빌 게이츠가 어떻게……'

아이들은 자신들보다 뛰어난 암기 실력을 뽐내고 있는 빌 게이츠를 보고 당황하지 않을 수 없었다. 학교 선생님들조차 빌 게이츠를 '선사 시대의 바보'라고 불렀기 때문이다. 입을 떡 벌린 채 자신을 바라보는 아이들 앞에서 빌은 차분하게 산상수훈 암송을 끝마쳤다.

빌 게이츠가 성경의 뜻을 제대로 알고 외운 것인지 궁금해진 목사님이 이것저것 캐물었지만, 빌은 자신이 외운 성경의 각 구절이 무엇을 의미하는지 정확하게 대답했다.

결국 엉뚱한 바보로만 여겨졌던 빌 게이츠 덕분에 아이들은 목사님에게 맛있는 점심을 얻어먹을 수 있었다. 목사님은 아이들 앞에서 입에 침이 마르도록 빌 게이츠의 신앙심을 칭찬했다. 머쓱해진 빌 게이츠는 목사님에게 차마 하지 못한 말을 마음속으로 중얼거렸다.

'목사님, 저는 신앙심 때문에 산상수훈을 외운 게 아니에요. 그저 재미있는 도전이라고 생각했을 뿐이랍니다.'

최초의 계약서

빌 게이츠는 계약서상의 내용을 가장 잘 이해하는 사업가로도 유명하다. 어려서부터 변호사인 아버지의 영향을 많이 받았기 때문일 것이다. 협상의 천재 빌 게이츠가 최초로 맺은 계약은 어린 시절 누나를 상대로 한 것이었다.

빌 게이츠는 누나 크리스티와 늘 아웅다웅하는 사이였다. 그날의 팽팽한 말다툼은 야구 글러브 때문에 벌어졌다. 집에 하나밖에 없는 야구 글러브 때문에 실랑이가 벌어진 것이었다. 야구 글러브를 가지고 놀지 못하게 된 빌 게이츠가 심통 난 목소리로 누나에게 대들었다.

"누나만 야구 글러브를 가지고 노는 건 공평하지 않아."

빌 게이츠는 누나 크리스티가 자신에게 야구 글러브를 양보하지 않는 것을 참을 수 없었다. 하지만 크리스티는 빌의 투덜거림을 한 방에 날려 버렸다.

"왜 내가 너한테 야구 글러브를 양보해야 하니? 이건 내 야구 글러브잖아! 그러니까 내가 가지고 놀다가 싫증이 나면 그때 네가 가지고 놀아야지."

얄밉게 톡 쏘아붙이는 누나 앞에서 빌 게이츠는 더 이상 억지를 부릴 수가 없었다. 빌은 자신의 방으로 돌아와 분을 삭이며 생각에 잠겼다.

'나도 내 맘대로 야구 글러브를 가지고 놀 수 있는 방법이 없을까?'

한참을 생각하던 빌은 묘안이 떠오르자 누나에게 달려갔다. 빌 게이츠의 손에는 종이 한 장이 들려 있었다. 계약서였다.

“나랑 계약하는 건 어때?”

자신만만하게 나오는 빌 게이츠를 보면서 크리스티는 순간 야구 글러브를 품에 꼭 껴안았다. 그러고는 빌의 말이 무슨 뜻인지 전혀 모르겠다는 듯 물었다.

“계약, 무슨 계약인데?”

빌은 쐐기처럼 쏘는 누나에게 계약서와 함께 비장의 무기 5달러를 흔들어 보였다.

“내가 원할 때면 언제든지 야구 글러브를 가지고 놀 수 있게 해 줘. 그러면 누나한테 5달러를 줄게. 이 5달러는 그러니까 누나에게 지불하는 야구 글러브 사용료야.”

야구 글러브와 5달러 사이에서 잠시 고민하던 크리스티는 곧 계약서에 서명을 했다. 5달러를 받고 동생과 야구 글러브를 나누어 쓰는 것이 자신에게 유리하다고 판단했기 때문이다. 빌 게이츠는 이 계약을 통해 야구 글러브의 공동 소유권자가 되었다.

빌 게이츠는 계약이라는 것을 통해 자신이 무엇을 얻을 수 있는지, 계약서가 자신에게 어떻게 작용하는지 이미 어린 시절부터 터득하고 있었던 것이다.

운명적 만남

빌 게이츠는 460억 달러, 우리 돈으로 54조 원이 넘는 돈을 가진 세계 최고의 부자다.

어린 시절에는 늘 말썽만 부리던 구제 불능 소년이 어떻게 세계 최고의 기업가, 세계 최고의 부자로 비상할 수 있었을까? 빌 게이츠의 어린 시절에 도대체 어떤 깜짝 놀랄 만한 일이 펼쳐졌던 것일까?

빌 게이츠가 열세 살 되던 해, 첫 번째 운명적인 만남이 소년을 기다리고 있었다. 그 만남은 빌 게이츠의 마음을 단숨에 사로잡았다. 열세 살 소년을 새로운 운명으로 이끈 것은 바로 컴퓨터였다.

레이크사이드의 B급 학생

단정한 재킷과 넥타이, 조그만 가방을 들고 등교하는 부잣집 학생들 사이로 잔뜩 주눅이 든 빌 게이츠의 모습이 보였다. 익숙하지 않은 교복 때문인지 빌의 표정은 어둡기만 했다. 1967년, 7학년이 된 열두 살의 빌 게이츠는 달라져 있었다. 이리저리 눈을 굴리며 장난칠 궁리만 하던 빌의 표정은 온데간데없었다. 정든 학교를 떠나 낯선 학교로 전학을 왔기 때문이다.

빌 게이츠의 부모님은 빌을 시애틀에서 가장 유명한 사립 학교에 진학시켰다. 부모님이 선택한 레이크사이드 학교는 학칙이 엄격하기로 소문나 있었다. 그리고 선택받은 소수의 학생들만 입학할 수 있는 학교였다. 어느 모로 보나 빌 게이츠에게 어울리지 않는 학교였지만, 시애틀의 상류층이었던 부모님 덕에 빌은 레이크사이드 학교의 학생이 될 수 있었다.

시애틀 최고의 학교에 다니게 되었지만 빌 게이츠는 하나도 기쁘지 않았다. 친구들 사이에서 열등생 취급을 받았기 때문이다. 전에 다녔던 학교에서 아이들을 깔깔거리게 만들었던 농담도 새로운 학교에서는 전혀 통하지 않았다.

훗날 빌 게이츠는 레이크사이드 학교에서 오랫동안 적응하지 못했던 자신의 모습을 이렇게 추억했다.

"사립 학교에 들어가자마자 더 이상 어릿광대 노릇을 할 수 있는 자리가 없었습니다.”

하지만 어느 학교나 그렇듯, 천하의 레이크사이드 학교에도 빌 게이츠 같은 부류의 아이들이 있기 마련이었다. 빌 게이츠는 자신처럼 수학과 과학만 지독하게 좋아하는 아이들과 어울렸다. 물론 그 아이들은 모두 빌 게이츠처럼 다른 학생들에겐 전혀 인기가 없는 부류들이었다. 뒷주머니에 ‘빗’ 대신 ‘계산자’를 자랑스럽게 꽂고 다니는 아이들 무리에서 꺼벙한 표정의 빌 게이츠는 막내였다. 레이크사이드 학교에서 어울릴 만한 친구들을 만난 지 1년 후 빌 게이츠에게는 놀랄 만한 사건이 일어났다.

맥 앨리스터 홀의 괴물

“빌! 소문 들었니? 지금 맥 앨리스터 홀에서 말이야……”

헐레벌떡 달려와서 중대한 소식을 전하는 친구의 말이 채 끝나기도 전에, 빌 게이츠는 맥 앨리스터 홀을 향해 전속력으로 달려갔다. 빌 게이츠의 가슴은 흥분으로 가득 차서 터져 버릴 것 같았다. 머릿속에서는 얼마 전 맥 앨리스터 홀에서 보았던 베일에 싸인 기계의 모습이 떠나질 않았다. 사람들은 그 기계를 ‘컴퓨터’라고 불렀다.

며칠 전이었다. 학교에서 수학과 과학 건물로 쓰고 있는 맥 앨리스터 홀에서 난생 처음 들어 보는 기계음이 흘러나왔다. 호기심에 이끌려 사무실을 엿보던 빌 게이츠와 친구들은 괴상한 소리를 내며 끊임없이 글자들을 찍어 내는 기계를 신기하게 바라보았다. 그 기계가 무슨 일을 하고 있는지 알아맞히느라 한바탕 소란이 벌어질 무렵, 누군가 자신만만한 목소리로 말했다.

"저건 컴퓨터야. 컴퓨터가 틀림없어."

정체불명의 기계가 컴퓨터라는 말을 들은 빌 게이츠는 믿을 수 없다는 표정을 지었다.

'우리 학교에 컴퓨터가 있다니! 컴퓨터 한 대 값이 얼마나 비싼데……. 자동차 천 대 값이랑 맞먹을걸! 그렇게 비싼 컴퓨터가 우리 학교에 있을 리 없지.'

1968년 당시만 해도 일반인들은 컴퓨터가 뭔지 잘 몰랐다. 빌 게이츠의 생각처럼 가격도 어마어마하게 비쌌고, 소수의 전문가들만이 컴퓨터를 다뤘다. 게다가 덩치도 엄청나서 대형 냉장고를 몇 대 붙여 놓은 것보다 컸다.

빌 게이츠가 목격한 것은 정말 컴퓨터였을까? 아니, 컴퓨터가 아니라도 상관없었다. 미지의 기계 앞에서 억누를 수 없는 호기심이 발동한 빌 게이츠는 자신도 모르게 중얼거렸다.

"단 한 번만이라도 좋으니 저 기계를 만져 볼 수 있다면……. 아니, 저 기계가 어떤 일을 하는 것인지 꼭 밝혀내고 말 거야."

빌 게이츠는 맥 앨리스터 홀의 괴물, 미지의 기계를 향해 빨려 들어가는 자신의 마음을 주체할 수 없었다. 그 간절함은 백과사전을 통째로 외우려고 마음먹었던 때와도 비교할 수 없을 정도였다.

열세 살 철부지 소년의 마음을 눈 깜짝할 사이에 휘어잡은 기계의 정체는 물론 컴퓨터였다. 그렇게 컴퓨터와 빌 게이츠의 운명적인 만남이 이루어졌지만, 빌 게이츠는 더 이상 컴퓨터 옆으로 다가갈 수 없었다. 어른들이 천방지축 사고뭉치로밖에 보이지 않는 꼬

마에게 그 비싼 컴퓨터를 사용할 기회를 줄 리 없었다. 짝사랑의 열병을 앓듯 빌 게이츠의 마음은 새까맣게 타들어갔다.

빌 게이츠의 축 처진 어깨처럼 하루하루가 무겁게 흘러갔다. 그러나 지금, 친구가 전한 뜻밖의 소식에 맥 앨리스터 홀을 향해 달려가는 빌 게이츠의 마음은 새털처럼 가벼웠다. 소망이 현실로 이루어질지도 모른다는 생각에 짜릿한 전기가 온몸을 기분 좋게 감쌌다.

빌 게이츠가 친구에게 전해 들은 이야기로는, 이제 레이크사이드 학교 학생들도 컴퓨터를 사용할 수 있게 되었다는 것이다. 이 멋진 소식을 끊임없이 되뇌면서 빌은 더욱 걸음을 빨리했다.

컴퓨터 중독

빌 게이츠의 꿈을 이루게 해 준 것은 레이크사이드 학교의 어머니 모임이었다. 상류층 인사인 그들은 자기 아이들에게 좀 더 앞선 경험을 제공하기 위해서 학교에 '디지털 트레이닝 터미널'이라는 기계를 기부했다. 그 기계는 진짜 컴퓨터는 아니었지만 전화선을 연결해 컴퓨터 회사에 있는 슈퍼컴퓨터와 접속할 수 있었다. 시간당 만만치 않은 컴퓨터 접속료에다 슈퍼컴퓨터 사용료까지 지불해야 했지만 걱정하지 않아도 되었다. 어머니 모임에서 열고 있는 바자회를 통해 일정 기간 동안 컴퓨터를 사용할 수 있는 비용이 마련되었기 때문이다.

맥 앨리스터 홀의 문을 박차고 들어간 빌 게이츠는 이미 많은 아이들이 터미널 주위를 둘러싸고 있는 것을 발견했다. 대부분 고학년 선배들이었지만 빌은 아랑곳하지 않고 그들 속으로 파고들어갔다. 컴퓨터에 대해 가장 많이 알고 있는 레이크사이드 학교 수학 선생님이 아이들에게 컴퓨터 사용법에 대해 설명하고 있었다. 10분이 채 안 되어서 선생님은 컴퓨터 사용에 관한 모든 설명을 끝마쳤다. 수학 선생님도 컴퓨터에 대해 알고 있는 것이 그리 많지 않았던 것이다.

일주일 후, 지독할 정도로 컴퓨터에 매달렸던 빌 게이츠는 수학 선생님의 컴퓨터 지식을 단번에 따라잡았다.

빌 게이츠는 더 이상 레이크사이드 학교에서 이방인처럼 방황하지 않아도 되었다. 빌은 자신의 자리를 찾은 것이었다. 바로 컴퓨터가 있는 이곳, 컴퓨터실이었다. 빌 게이츠는 하루의 대부분을 컴퓨터실에서 보냈다. 비록 자기 순서를 기다리는 시간이 컴퓨터를 사용할 수 있는 시간보다 훨씬 길었지만 상관없었다.

도전을 좋아하는 빌 게이츠에게 컴퓨터는 훌륭한 상대였다. 빌은 컴퓨터 회사에서 제공한 52쪽 분량의 설명서를 묵묵히 독학했다. 그러고는 컴퓨터로 할 수 있는 모든 것을 시험해 보기로 했다. 머릿속에서는 몇 초도 안 되어 뚝딱 답이 튀어나오는 덧셈, 뺄셈도 일일이 컴퓨터에게 시켜 보았다. 기초적인 산수 문제일 뿐이었지만 컴퓨터가 계산해 낸 답을 빌은 넋이 빠진 사람처럼 바라보고는 했다.

누군가 만들어 놓은 편리한 프로그램을 실행시켜 컴퓨터를 사용하는 지금과는 달리, 당시에는 컴퓨터를 사용하고자 하는 사람이 직접 프로그램까지 만들어야만 했다. 즉, 복잡한 컴퓨터 언어를 익혀야만 했던 것이다. 만약 자신이 풀기 어려운 복잡한 수학 문제를 컴퓨터에게 대신 시키고 싶다면, 수학 문제보다 훨씬 더 어려운 프로그래밍 작업을 먼저 끝마쳐야 했다.

"어휴, 뭐가 이렇게 어려워. 간단한 계산을 하기 위해 이렇게 어려운 걸 배워야 한단 말이야?"

"그러게 말이야. 컴퓨터는 척척박사인 줄 알았는데 머리만 아파. 난 집에 갈래."

몇 시간 동안 끙끙대며 프로그램을 짜던 아이들의 입에서 불만의 목소리가 터져 나왔다. 지루함을 꾹 참고 컴퓨터의 출력물을 기다리던 아이들도 시시하기 짝이 없는 계산 결과에 하품을 해 댔다. 아이들은 하나둘 컴퓨터를 외면했다.

빌 게이츠는 컴퓨터실 한구석에서 자신만의 세계에 푹 빠져 있었다. 빌은 무엇인가를 생각하다가 중얼거렸다.

"오목 놀이, 전쟁놀이, 곱셈, 나눗셈⋯⋯. 아! 아직 컴퓨터로 해 보지 못한 게 끝도 없잖아."

앞으로 컴퓨터로 시험해 봐야 할 것들이 산더미처럼 쌓여 있다는 사실을 확인한 빌 게이츠는 안도의 한숨을 내쉬었다. 이번 도전만큼은 빨리 끝나지 않기를 바라는 마음에서였다. 그리고 빌 게이츠의 바람대로 컴퓨터는 결코 호락호락한 상대가 아니었다.

행운의 파랑새, C-큐브드

시간이 흐르자 맥 앨리스터 홀, 레이크사이드 학교의 컴퓨터실에는 정말로 컴퓨터에 미쳐 버린 아이들만이 남았다. 물론 빌 게이츠가 제일 심각했다. 빌 게이츠는 아무리 시시한 결과를 얻게 될지라도 컴퓨터에 직접 명령을 내린다는 사실이 즐겁기만 했다. 그는 밤늦도록 컴퓨터실에 남아 있는 끈질긴 컴퓨터광 가운데 한 명이었다. 빌 게이츠는 자신이 짠 프로그램을 컴퓨터에 입력한 뒤 프린터를 통해 결과가 출력될 때까지 계속되는 초조한 긴장 상태를 즐겼다. 빌 게이츠는 자신이 어린 시절 컴퓨터에 빠져들 수밖에 없었던 이유에 대해 이렇게 말하고 있다.

"당신은 프로그램을 짜고 실행해 본다. 그 결과는 작동이 되든지 안 되든지 둘 중 하나뿐이다."

수많은 프로그램, 어린 시절의 수많은 시간들이 컴퓨터와 함께 사라져 갔다. 동시에 정말 사라져서는 안 되는 소중한 것도 함께 사

라져 갔다. 그것은 어머니 모임에서 마련해 주었던 컴퓨터 사용료
였다.

"어쩌지? 이제 단 하루도 컴퓨터를 안 하면 손가락이 근질거리
는데……."

어느 날부터인가 빌 게이츠를 비롯한 레이크사이드 학교 컴퓨터
광들의 얼굴에 근심의 그림자가 드리워지기 시작했다. 학교의 컴
퓨터 예산이 바닥났다는 소문을 들었기 때문이다. 자동차 한 대 값
이 2000달러 정도 하던 당시에, 컴퓨터 한 시간 사용료가 8달러가
넘었다. 하루 종일이라도 컴퓨터 앞에 앉아 있을 수 있는 어린 컴퓨
터광들에게는 어마어마한 돈이 필요했다. 빌 게이츠에게는 마음껏
컴퓨터를 사용할 수 있을 만큼의 거금이 필요했다. 하지만 방법이
없었다.

빌 게이츠의 고민이 계속되고 있을 때, 한 통의 편지가 행운의 파
랑새처럼 레이크사이드 학교 교장실로 배달되었다. 편지를 보낸
사람은 'C-큐브드(Computer Center Corporation; 3-C 혹은 C세제곱이
라는 의미)'라는 컴퓨터 회사 설립자였다. 편지에는 잔뜩 풀이 죽은
레이크사이드의 컴퓨터광들이 알면 기절할 정도로 엄청난 내용이
적혀 있었다.

교장 선생님, 레이크사이드 학교 학생들이 컴퓨터를 사용하고 있다

는 이야기를 들었습니다. 저희 회사에서 최근 새로 개발한 소프트웨어를 그 학생들이 테스트해 주었으면 좋겠습니다. 학생들에게 소프트웨어의 버그를 찾아내는 일을 맡겼으면 합니다. 학생들이 저의 제안을 받아들인다면 프로그래머들이 퇴근한 후에 저희 회사 컴퓨터를 공짜로 사용할 수 있도록 해 주겠습니다.

C-큐브드에서 보낸 편지에 대한 소문은 금세 빌 게이츠의 귀로 들어갔다. 컴퓨터에 푹 빠진 작은 소년의 고민은 이렇게 해서 말끔히 사라졌다. 게다가 또 다른 소문이 빌 게이츠의 가슴을 뛰게 했다. C-큐브드에 있는 컴퓨터는 학교 컴퓨터와는 상대가 되지 않는 최신식 컴퓨터라는 것이었다.

빌 게이츠와 레이크사이드 학교 컴퓨터광들은 단숨에 C-큐브드로 달려갔다. 기대대로 C-큐브드는 굉장했다. 빌 게이츠의 눈에 여덟 대나 되는 최신식 단말기가 들어왔다. 여덟 대의 단말기! 그것은 이제부터 컴퓨터를 사용하기 위해 지루하게 순서를 기다리지 않아도 된다는 것을 의미했다. 행복하게 미소 짓는 빌 게이츠와 아이들 앞에 나타난 프로그래머는 앞으로 그들이 해야 할 일을 알려 주었다.

"우리 프로그래머들이 만든 프로그램의 어디가 잘못되었는지 너희들이 마음껏 컴퓨터를 사용하면서 찾아내도록 해라. 그것이

여기서 너희들이 해야 할 일이란다."

마음껏 컴퓨터를 사용하라니! 빌 게이츠는 여태껏 들어 본 얘기 중 최고의 말을 들었다고 생각했다.

빌 게이츠의 비밀

"빌! 일어나라. 학교 가야지."

빌 게이츠의 어머니는 계속해서 빌의 방문을 두드리고 있었다. 하지만 방에서는 아무런 기척도 들리지 않았다. 어머니는 방문을 열어 보려고 했지만 단단히 잠겨 있었다. 방 청소를 하라는 엄마의 잔소리가 듣기 싫었던 빌은 늘 방문을 잠그고 지냈다. 컴퓨터에 푹 빠지면서부터 빌 게이츠의 방은 난장판이 되었다. 프로그래밍을 기록하는 종이테이프를 사방에 늘어놓았고, 벗은 옷들도 아무렇게 나 던져 놓았다. 빌 게이츠는 집에서조차 컴퓨터 외에는 아무것도 생각하지 않았다.

어머니는 요즘 부쩍 하품만 해 대며 멍해 있는 빌 게이츠가 걱정 되었다. 어머니는 식탁에서 아침 식사를 하고 있는 빌의 누나 크리 스티한테 요즘 빌에게 무슨 일이 있는지 물어 보았다. 하지만 크리 스티는 절대로 비밀을 누설하지 않겠다는 빌 게이츠와의 약속 때 문에 입을 굳게 다물었다.

빌 게이츠에게 수업 시간은 곧 수면 시간이었다. 그러나 하루 종일 꾸벅꾸벅 졸다가도 방과 후에는 거짓말처럼 초롱초롱 눈이 빛났다. 수업이 끝나면 여자 친구와의 데이트보다 더 짜릿한 만남이 그를 기다리고 있었기 때문이다.

가족들과 저녁 식사를 할 때에도 빌 게이츠의 마음은 온통 그 비밀스러운 만남을 향하고 있었다. 식사를 마치고 자신의 방으로 돌아간 빌은 집 안 분위기를 살피며 때를 기다렸다. 마침내 가족 모두 잠이 든 것을 확인한 후 빌 게이츠는 행동을 개시했다. 그는 발톱을 숨긴 고양이처럼 살금살금 집을 빠져나왔다. 성공적으로 집을 나선 빌 게이츠는 서둘러 발걸음을 옮겼다.

"조금만 더 빨리 가자. 남들보다 먼저 도착해서 프로그래밍을 해야지."

비밀스런 만남이 벌어지는 곳은 집에서 30분이나 떨어져 있는 C-큐브드 사무실이었다. 프로그래머들이 퇴근한 이후의 시간은 아이들 차지였다. 그 시간 동안 빌 게이츠는 자신만의 프로그램을 짜며 컴퓨터와 데이트를 즐겼다. 그렇게 빌 게이츠는 매일 밤 C-큐브드 사무실에서 시간 가는 줄 모르고 밤을 새웠다. 버스가 끊긴 컴컴한 새벽길을 터덕터덕 걸어 집으로 돌아오고는 했던 빌 게이츠. 몸은 녹초가 되었지만 언젠가는 완성될 자신의 프로그램을 생각하며 빌 게이츠는 행복하게 미소 지었다.

너무 어린 해커

나폴레옹에 푹 빠져 있던 빌 게이츠는 컴퓨터를 만나면서 새로운 인물들에게 매료되었다. 그 사람들은 바로 컴퓨터를 자유자재로 다루는 프로그래머들이었다. 어린 시절 빌 게이츠가 우러러본 프로그래머들은 '돈 많은 부자'들과는 거리가 멀었다. 하지만 빌 게이츠가 보기에 가난한 그들은 컴퓨터를 모르는 멍청한 부자들보다 훨씬 멋있어 보였다.

빌 게이츠의 모습은 어느새 프로그래머들의 모습을 닮아 가고 있었다. 비듬이 덕지덕지 앉은 머리, 꾸깃꾸깃 더러워진 셔츠, 광택 없는 구두, 프로그래밍을 하다가 아무 곳에서나 쓰러져 자는 버릇, 식어 버린 피자를 베어 물고 생각에 잠긴 모습. 이런 모습들은 컴퓨터에 미쳐 있던 10대 시절부터 오랫동안 빌 게이츠의 개성이 되었다.

친구 폴 앨런

"빌, 요즘 만들고 있다는 프로그램은 잘돼가니?"

방과 후 C-큐브드 사무실로 향하던 빌 게이츠에게 선배 폴 앨런이 다가왔다. 빌 게이츠보다 2년 선배인 폴 앨런 역시 컴퓨터에 미쳐 C-큐브드를 들락거리고 있는 아이들 중 하나였다. 폴 앨런과 마주친 빌 게이츠는 방앗간을 찾은 참새처럼 신나게 종알대기 시작했다.

"폴! 내가 전쟁 게임을 짜고 있다고 얘기했지? 저번에 어디까지 얘기했더라. 어쨌든 어젯밤에 어떻게 하면 게임을 더 흥미진진하게 만들 수 있을지에 대한 굉장한 아이디어가 떠올랐어."

빌 게이츠가 만들고 있는 게임은 엄청난 시간과 정성이 필요한 것이었다. 당시 프로그램을 하나 짜려면 컴퓨터 언어를 일일이 종이테이프에 옮겨 구멍을 뚫는 과정이 필요했는데, 빌 게이츠가 생각하고 있는 전쟁 게임은 프로그램 길이가 너무 길어서 구멍 뚫는 시간만도 만만치 않게 걸릴 것 같았다. 걱정이 된 폴 앨런은 빌 게이츠에게 물었다.

"빌, 도대체 그 프로그램을 완성하려면 얼마나 긴 종이테이프가 필요할까?"

빌 게이츠는 그런 것쯤 아무 문제도 되지 않는다는 듯 명랑하게 대답했다.

"지금 15미터가 좀 넘는 종이테이프에 프로그램을 옮기고 있어. 하지만 아직도 멀었지."

폴 앨런은 깜짝 놀라 빌 게이츠를 바라보았다. 그리고 두 사람은 자신들만이 이해할 수 있는 묘한 동지애를 느끼며 씨익 웃었다.

빌 게이츠는 고단한 컴퓨터 작업을 이해할 수 있는 친구, 함께 밤을 지새울 수 있는 친구를 둔 것에 감사했다. 두 사람은 서로 격려를 아끼지 않았고, 때로는 경쟁하며 프로그래밍 작업에 몰두했다. 폴 앨런과 빌 게이츠는 어른이 된 후에도 서로에게 소중한 동료였다. 폴 앨런은 빌 게이츠와 함께 마이크로소프트를 만들었고, 마이크로소프트의 제 2인자로 오랫동안 빌 게이츠와 함께 일했다.

그 시절, 빌 게이츠와 폴 앨런은 C-큐브드의 프로그래머들이 버리는 쓰레기조차 소중하게 생각했다. 프로그래머들이 퇴근한 후 폴 앨런은 빌 게이츠를 번쩍 들어 쓰레기통을 뒤지게 했다. 그러면 빌 게이츠는 쓰레기들 사이에서 프로그래머들이 버린 종잇조각들을 찾았다. 종잇조각에는 컴퓨터를 움직이는 운영 체제에 대한 프로그래밍이 적혀 있었는데, 두 사람은 그것을 보며 대형 컴퓨터의 운영 시스템을 함께 공부해 나갔다.

그러는 동안 C-큐브드 측에서 아이들에게 요구했던 숙제도 거

의 끝나 가고 있었다. 빌 게이츠와 폴 앨런과 나머지 컴퓨터광들은
C-큐브드를 위해 300페이지에 달하는 두꺼운 책 한 권을 완성시
켰다. 그동안 아이들이 발견한 프로그램 오류를 빼곡하게 정리한
책이었다. 이 책을 C-큐브드의 프로그래머들에게 건네 주는 아이

들의 얼굴에는 저마다 자랑스러움이 번졌다. 하지만 책을 건네받은 프로그래머는 뜻밖의 말로 아이들의 얼굴을 순식간에 창백하게 만들었다.

"자, 이제 너희들의 모든 임무가 끝났다! 이제 우리 사무실에 나오지 않아도 된단다."

그 말은 결국 앞으로 C-큐브드의 컴퓨터를 마음껏 사용할 수 없다는 뜻이었다. 빌 게이츠는 머리가 뱅글뱅글 돌았다.

'이제 나는 어떻게 하지. 어디서 컴퓨터를 사용하지?'

빌 게이츠가 돌아갈 곳은 학교밖에 없었다. 하지만 학교 컴퓨터는 이제 더 이상 공짜가 아니었다. 빌 게이츠는 수천 달러의 컴퓨터 사용료 고지서를 받아 들고 붉으락푸르락할 부모님의 얼굴을 떠올렸다. 그리고 세차게 머리를 흔들었다. 뭔가 다른 방법이 필요했다.

암호 D

레이크사이드 학교로 돌아온 빌 게이츠는 학교 컴퓨터실에 틀어박혀 살았다. 하지만 얼굴 어디에서도 근심의 흔적은 찾아볼 수 없었다. 컴퓨터 사용료 따위는 까맣게 잊은 듯 보였다. 몇 시간씩 컴퓨터 체스 게임을 즐기며 시시덕거릴 정도였으니 말이다. 컴퓨터에 푹 빠져서 사용료를 깜빡하고 있는 것일까? 아니면 부모님께서 컴퓨터 사용료를 모두 내 주시기로 약속하신 걸까? 그것도 아니라면 도대체 무슨 일이 벌어진 걸까?

얼마 안 가 모든 비밀이 밝혀졌다. 낯선 남자가 학교에 들어섰다. 그는 중대한 범죄를 저지른 한 학생을 찾고 있었다. 그가 부른 이름은 바로 빌 게이츠였다.

"빌 게이츠!"

체스 게임을 하며 즐거워하던 빌 게이츠의 얼굴이 굳어졌다. 빌 게이츠는 왜 이 남자가 자신을 찾아왔는지 너무나 잘 알고 있었다. 며칠 전 학교에서 벌였던 일들이 파노라마처럼 스쳐 갔다.

C-큐브드에서 학교로 돌아온 빌 게이츠는 눈앞이 캄캄했다. 컴퓨터 사용료 때문에 컴퓨터를 포기할 수 없었던 빌 게이츠는, 자신의 능력을 이용해 컴퓨터 사용 시간을 훔치기로 결심했다.

폴 앨런과 빌 게이츠와 몇몇 컴퓨터광들은 마치 암흑 속의 갱들처럼 어두운 얼굴을 하고는 서로에게 의미심장한 암호를 전달했다.

"암호는 D야. 죽음을 의미하는 Dead의 첫 글자, D."

그들이 주고받은 암호는 컴퓨터를 무료로 사용할 수 있는 열쇠나 다름없었다. 물론 암호를 알아낸 사람은 빌 게이츠였다. 빌 게이츠는 학교와 연결되어 있는 컴퓨터 회사의 시스템에 침입해 무료로 사용할 수 있는 암호가 무엇인지 알아냈다. 물론 모든 일은 컴퓨터를 통해서였다. 그것은 금지된 장난, 바로 해킹이었다.

빌 게이츠가 알아낸 암호를 입력하자, 신기하게도 컴퓨터가 작동되었다. 그 순간 빌 게이츠가 느낀 감정은 죄책감과 두려움보다는 스스로에 대한 대견함이었다.

'정말 대단해! 내가 컴퓨터를 속였어. 컴퓨터를 이겼어!'

컴퓨터와의 경쟁에서 승리했다는 자신감이 그를 들뜨게 했다.

빌 게이츠가 알아낸 암호 덕분에 레이크사이드 컴퓨터광들은 얼마간 마음껏 컴퓨터를 사용할 수 있었다. 그러나 그 은밀한 즐거움은 오래가지 못했다. 빌 게이츠를 찾아 레이크사이드 학교를 방문한 낯선 남자 앞에서 빌 게이츠는 고개를 떨굴 수밖에 없었다.

그 당시 해킹은 범죄로까지 인식되지는 않았다. 물론 빌 게이츠 자신도 그것이 심각한 범죄인 줄은 꿈에도 생각하지 못했다. 그가 컴퓨터 시스템에 접근해서 얻고 싶었던 것은 회사 기밀과는 아무런 상관도 없는 것이었기 때문이다. 그는 단지 아무도 컴퓨터를 사용하지 않는 시간에 컴퓨터를 무료로 사용하고 싶었을 뿐이었다. 빌 게이츠에게 해킹은 너무나도 절실했다. 하지만 컴퓨터 회사는 자신의 시스템이 해킹당했다는 사실이 밝혀지자 발칵 뒤집혔다. 그것은 자신들의 컴퓨터 시스템이 허술하다는 것을 증명하는 사건이기 때문이었다. 해커를 추적해 레이크사이드 학교까지 온 컴퓨터 회사 직원은 고개를 떨어뜨리고 있는 조그만 소년 빌 게이츠를 보고 다시 한 번 당황했다.

"정말로 네가 우리 회사 컴퓨터에 침입했단 말이냐?"

순순히 해킹 사실을 인정하는 빌 게이츠를 앞에 두고도 회사 직원은 그 사실을 믿으려 들지 않았다. 해킹을 할 만큼 컴퓨터 실력이 뛰어난 사람이 겨우 10대 꼬맹이라니!

"유감이지만 꼬마야, 우리 회사는 네가 진짜 해킹을 할 만큼 뛰어난 컴퓨터 실력을 가지고 있다는 걸 믿을 수가 없구나. 만약 네가 우리가 개발한 다른 프로그램의 버그를 찾아낸다면 너의 컴퓨터 실력을 믿어 주마."

빌 게이츠는 자신이 범인임을 인정받기 위한 이상한 테스트에 순순히 응했다. 남에게 자신의 컴퓨터 실력을 뽐내고 싶은 욕심 때문이었다.

곧 컴퓨터 회사에서 최근 개발한 컴퓨터 프로그램을 빌 게이츠에게 보냈다. 빌 게이츠는 단 며칠 만에 그 프로그램의 버그들을 모조리 찾아냈다. 그것으로 빌 게이츠는 컴퓨터 실력을 인정받았다. 하지만 돌아온 것은 범죄자로서의 확실한 낙인뿐이었다. 그리고 더욱 기가 막힌 현실이 그를 기다리고 있었다.

"빌, 이제 컴퓨터로 나쁜 짓까지 저지르는구나. 앞으로 컴퓨터 사용 금지다!"

빌 게이츠에게 크게 실망한 부모님은 컴퓨터 사용 금지령을 내렸다. 컴퓨터를 사용하기 위해서는 무슨 일이라도 마다하지 않았던 열네 살의 빌 게이츠는, 놀랍게도 부모님을 위해 1년 반 동안이

나 컴퓨터를 멀리했다. 그는 부모님이 바라는 평범한 학생이 되기 위해 노력했다.

세상에서 가장 빛나는 사람들

빌 게이츠와 폴 앨런, 레이크사이드 학교 컴퓨터광들에게 다시 한 번 C-큐브드에서 일할 수 있는 기회가 찾아왔다. 이번엔 단순히 버그를 찾아내는 것이 아니라 직접 소프트웨어를 고치는 일이 맡겨졌다. C-큐브드의 프로그래머들이 비로소 이 어린 컴퓨터광들의 실력을 인정한 것이었다.

빌 게이츠가 C-큐브드의 컴퓨터를 마음껏 사용할 수 있는 시간은 주말뿐이었지만, 그것은 별로 문제가 되지 않았다. 여전히 빌 게이츠에게 컴퓨터는 잠깐만 보아도 하루 종일 설레고 기분 좋아지는 연인 같은 존재였다. 그리고 C-큐브드에는 빌 게이츠의 마음을 강하게 흔들어 놓는 사람들이 있었다. 바로 프로그래머들이었다. C-큐브드의 프로그래머들은 빌 게이츠와 말이 통하는 진짜 멋있는 어른들이었다.

C-큐브드의 프로그래머들은 평범한 학생들이라면 결코 그 가치를 알 수 없는 존재들임이 확실했다. 평범한 학생들이 티셔츠와 청바지 차림 뒤에 숨겨진 그들의 비범함을 알 턱이 없지 않은가! 프로그래머들이 민첩한 손과 영리한 머리로 단 몇 분 만에 컴퓨터를

고쳐 놓는 일 같은 것 말이다.

프로그래머들이 퇴근하면 그들이 사용한 쓰레기통까지 뒤졌던 빌 게이츠. 쓰레기통에서 발견한, 온갖 오물이 덕지덕지 묻어 있는 프로그래머들의 쪽지를 참고서 삼아 열심히 공부했던 빌 게이츠. 여러 컴퓨터광들 가운데 최고가 되고 싶다는 욕심 때문이었으리라.

컴퓨터 세계에 발을 들여놓은 어린 프로그래머들은 100미터 밖에서도 서로를 알아보았다. 헝클어진 머리, 지저분한 셔츠, 더러운 양말……. 빌 게이츠를 비롯한 컴퓨터광들은 한결같은 모습을 하고 있었다. 서로 스쳐 지나갈 때면 은근한 질투심으로 불꽃이 튀었다.

레이크사이드 컴퓨터광들 사이에서는 눈에 보이지 않는 경쟁이 벌어졌다. 누가 어떤 프로그램을 만들고 있는지, 몇 시에 잠이 드는지에 대해 촉각을 곤두세웠다. 질투가 가장 심한 사람은 빌 게이츠였다. 선배인 폴 앨런이 새벽 세 시가 되어서야 잠을 잔다는 소문을 들은 빌 게이츠는 밤을 새워야만 직성이 풀렸다.

컴퓨터 금지령이 내려졌던 지난 1년간, 그리고 다시 C-큐브드에서 컴퓨터를 사용할 수 있게 되기까지 폴 앨런은 지속적으로 컴퓨터를 사용하고 있었다. 친분이 있는 워싱턴 대학의 한 교수 연구실에서 컴퓨터를 발견한 폴은 다른 아이들 몰래 그 컴퓨터를 사용하고 있었다. 결국 폴 앨런의 행동은 들통이 났고, 그 사실을 빌 게이츠도 알게 됐다. 분노와 배신감을 느낀 빌 게이츠는 고래고래 소리를 지르며 폴 앨런에게 달려들었다.

"폴! 어떻게 그럴 수가 있지? 컴퓨터를 사용할 수 있는 곳이 있다는 걸 알면서도 나에겐 한마디 말도 하지 않다니, 치사하고 비겁해!"

폴 앨런뿐만 아니라 곁에서 싸움을 구경하던 아이들은, 시퍼렇게 날이 선 채 씩씩거리는 빌 게이츠를 보며 기겁을 했다.

그렇게 해서 그동안 폴이 컴퓨터를 사용했던 워싱턴 대학 교수 연구실은 빌 게이츠와 레이크사이드 컴퓨터광들의 소굴이 되고 말았다. 어린 프로그래머들의 경쟁과 열정은 C-큐브드의 프로그래머들과 비교해도 결코 뒤지지 않았다.

안녕, 빌! 안녕, C-큐브드!

다시 C-큐브드로 출근하게 된 레이크사이드의 컴퓨터광들은 마치 자신들이 숙련된 프로그래머인 양 능숙하게 컴퓨터를 만지작거렸다. 어린 프로그래머들에게 무료로 사용할 수 있는 컴퓨터와 멋진 프로그래머들이 있는 C-큐브드는 세상에서 가장 근사한 곳이었다.

여느 때처럼 한가로운 오후였다. 사무실에 감돌던 평화는 갑자기 들이닥친 낯선 남자들에 의해 산산조각 나고 말았다. 이방인들은 부지런히 사무실의 집기들을 들어냈다. 빌 게이츠는 사무실의 심상치 않은 소란도 알아채지 못한 채 컴퓨터에 몰두해 있었다. 그러자 누군가가 빌 게이츠의 자리로 와서 소리쳤다.

"자, 자, 학생 얼른 일어나. 의자도 책상도 다 내가야 하니까."

낯선 목소리에 깜짝 놀란 빌 게이츠가 두리번거리며 C-큐브드의 프로그래머들을 찾았다. 그러나 프로그래머들의 창백한 표정에서 빌 게이츠는 모든 것이 끝났음을 직감했다. 똑똑한 프로그래머들의 열정으로 만들어진 C-큐브드가 그 운명을 다한 것이었다. 당장 그들에게 달려가 위로의 말을 하고 싶었지만, 그런 마음과는 상관없이 빌 게이츠의 몸은 컴퓨터 쪽으로 돌아섰다. 오늘 이 순간이 마지막이라고 생각하니 1분 1초가 아까웠던 것이다. 빌 게이츠는 침울한 표정의 프로그래머들을 외면하고 숨 가쁘게 단말기를 두들겼다.

사람들이 빌 게이츠가 앉아 있던 의자마저 가져가 버리자 빌 게이츠는 무릎을 꿇고 앉아 컴퓨터를 두드렸다. 다른 아이들도 마찬가지였다. 그들은 이곳에서 자신들이 만들어 놓은 프로그램을 급히 다른 컴퓨터로 전송했다. 순식간에 C-큐브드에서의 모든 나날들이 저 멀리 사라져 버렸다. 자신의 눈앞에서 컴퓨터가 사라지고 나서야 빌 게이츠는 프로그래머들과 슬픔을 나눌 수 있었다.

빌 게이츠가 가장 좋아했던, 늘 우러러보던 사람들이 텅 비어 버린 사무실에 서 있었다. 컴퓨터 앞에서는 이 세상 누구보다도 멋있던 사람들이 컴퓨터를 잃고 나자 그저 초라한 모습의 어른으로만 보였다. 그들이 빌 게이츠에게 속삭였다.

"빌! 너무 걱정하지 마라. 우리는 기필코 다시 모일 거야. 그게 언제가 될지는 모르지만, 분명히 그렇게 될 수 있을 거야. 더 멋진 회사를 차릴 거고, 더 멋진 프로그램을 짤 거야. 그때 빌, 너도 다시 만날 수 있을 거야."

빌 게이츠의 마음 한구석이 저려 왔다. 쉽게 떼어지지 않는 발걸음을 옮기면서 빌은 다시 한 번 정든 C-큐브드를 돌아보았다. 왜 똑똑한 프로그래머들이 단숨에 몰락할 수밖에 없었는지 이해해야만 했다. 빌 게이츠는 회사를 운영하는 데에는 컴퓨터 실력만큼이나 사업 능력이 중요하다는 것을 어렴풋이 느꼈다.

문이 굳게 닫힌 C-큐브드를 뒤로하며 빌 게이츠의 고민은 다시 자신의 문제로 돌아왔다. 공짜 컴퓨터를 찾아 헤매야 하는 시간이 다가온 것이었다.

공짜 컴퓨터를 찾아서

덜컹덜컹, 시애틀에서 포틀랜드로 향하는 기차 안은 작은 희망과 긴장으로 설레고 있었다. 기차에는 한 무리의 여드름투성이 청년들이 타고 있었다. 빌 게이츠의 모습도 보였다. 빌 게이츠와 레이크사이드 컴퓨터광들은 컴퓨터를 무료로 사용할 방법을 찾기 위해 학교와 집을 벗어나기로 마음먹었다. 낯선 모험 길에 오른 것이었다.

"거절당하면 어떡하지?"

누군가 걱정이 가득한 목소리로 빌 게이츠를 바라보았다. 빌 게이츠는 입술을 꼭 깨물었다.

'이번에 실패해도 또 도전할 거야. 계속 도전할 거라고. 컴퓨터를 마음껏 사용할 수 있을 때까지.'

포틀랜드 행 기차에 오르기 전, 빌 게이츠는 여러 컴퓨터 회사에 편지를 띄웠다. 소프트웨어를 만들어 줄 테니 컴퓨터를 무료로 사용하게 해 달라는 편지였다. 하지만 그 어느 곳에서도 답장을 받지 못했다. 결국 빌 게이츠와 레이크사이드 컴퓨터광들은 자신들이 만든 소프트웨어를 들고 직접 컴퓨터 회사들을 방문하기로 결심했다.

컴퓨터 회사 사람들은 시애틀에서 막무가내로 찾아온 애송이들을 위아래로 훑어보았다. 열여섯 살의 빌 게이츠는 당당한 표정을 지어 보였지만 어른들의 눈엔 세상 모르고 덤벼드는 하룻강아지로 보일 뿐이었다. 그러나 빌 게이츠가 가져온 소프트웨어를 시험해 본 뒤 컴퓨터 회사 사람들의 태도는 180도 달라졌다.

"우리 회사는 더 많은 고객들을 끌어모아야만 해. 자네들 정도의 실력이면 임금을 자동으로 계산해 주는 프로그램을 만들 수 있을 것 같은데, 어때, 할 수 있겠나? 만약 성공한다면 편지에 쓰인 부탁 정도는 들어줄 수 있네."

컴퓨터를 사용할 수만 있다면 바다에라도 뛰어들 10대들이었다. 빌 게이츠는 친구들과 함께 6개월 동안 컴퓨터 회사에서 요구한 프로그램을 짜는 일에 매달렸다. 그리고 그들은 약 1575시간 정도 컴퓨터를 사용할 수 있는 금액인 2만 5000달러를 벌었다.

2장

열아홉 살, 세상의 미래를 보다

변화의 시간들

컴퓨터에 미쳐 있던 학창 시절부터 마이크로소프트를 정상의 자리에 올려놓을 때까지 빌 게이츠 곁에는 폴 앨런이 있었다. 두 사람은 손발이 척척 맞는 최고의 파트너였다. 빌 게이츠가 소프트웨어에 푹 빠져 있을 때 폴 앨런은 컴퓨터라는 기계 자체를 연구했다.

그리고 어느 날, 폴 앨런은 마법의 주문을 걸 듯 빌 게이츠의 마음을 흔들어 놓았다. 컴퓨터를 믿으라고, 그들 앞에 놓여 있는 작은 칩이 세상을 바꾸어 놓을 것이라고, 또한 자신들의 운명도 바꾸어 놓을 것이라고 말했다.

"폴은 나에게 컴퓨터 하드웨어에 관해 많은 것을 가르쳐 주었습니다. 그리고 거기에 목숨을 걸어도 된다고 격려해 주었지요. 저는 참으로 운이 좋은 편입니다. 그렇게 젊은 나이에 내가 사랑할 수 있고, 나를 완전히 매혹시키는 무엇인가를 발견했으니 말입니다.”

B급 학생, 컴퓨터 영웅이 되다

레이크사이드 학교에 빌 게이츠가 감지하지 못했던 변화의 바람이 불고 있었다. 빌 게이츠는 막 잠에서 깨어난 사람처럼 어리둥절하게 주위를 바라보았다. 눈앞에 믿지 못할 풍경이 펼쳐지고 있었다. 발랄한 웃음소리가 빌 게이츠의 멍한 얼굴을 스치고 지나갔다. 여학생들의 출현이었다.

레이크사이드 학교는 전통적으로 7학년부터 12학년까지의 남학생들만 다니는 학교였다. 그런데 학교에서 여학생들의 입학을 허가한 것이었다. 갑자기 변한 학교 풍경에 당황했지만, 사실 더 큰 변화는 빌 게이츠 자신에게 먼저 있었다.

임금 계산 프로그램을 만들며 보냈던 지난 한 해, 빌 게이츠는 놀랍게도 전 과목 A학점을 받은 것이었다. 빌 게이츠는 더 이상 레이크사이드의 B급 학생이 아니었다. 빌 게이츠의 컴퓨터 실력 또한 서서히 인정을 받기 시작했다. 어느 날 빌 게이츠에게 학교를 위해 일할 기회가 주어졌다.

“빌, 컴퓨터를 사용해서 학교 일정을 짜 보려고 하는데 만만치가 않구나. 여학생들까지 입학을 하는 바람에 더 복잡해졌단다. 남학생과 여학생들을 각각 어떤 반에 어떻게 배치해야 하는지, 또 선생님들 연구실은 어떻게 돌아가면서 쓰고 수업 시간은 어떻게 배치해야 할지 생각하려니까 쉽지가 않구나. 선생님들의 골칫거리를 컴퓨터로 해결할 수 있겠지? 네가 컴퓨터로 학교의 복잡한 학사 일정을 해결해 주는 프로그램을 짜 주었으면 좋겠구나.”

난생 처음 학교로부터 중요한 부탁을 받은 빌 게이츠는 선뜻 대답을 할 수가 없었다. 그것이 얼마나 복잡한 작업인지 단번에 알아챘기 때문이다. 그러나 주저하는 빌 게이츠에게 학교 측에서는 거절할 수 없는 제안을 했다.

“만약 그 프로그램을 개발해 준다면 네가 원하는 만큼 보수도 넉넉히 주마.”

혼자서는 도저히 해낼 수 없을 거라고 판단한 빌 게이츠는 절친했던 컴퓨터광인 켄트 에반스와 함께 프로그램을 짜 보기로 했다. 폴 앨런은 이미 대학에 진학했기 때문에 그와 함께 작업할 수 없었다.

빌 게이츠와 켄트 에반스는 밤을 새워 가며 프로그램 작성에 몰두했다. 뜬눈으로 밤을 지새우며 작업을 강행하던 어느 날, 졸린 눈을 비비던 켄트 에반스는 잔뜩 상기된 표정으로 공상에 빠져 있던 빌 게이츠와 눈이 마주쳤다. 빌 게이츠는 이내 흥미진진한 이야기를 풀어 놓았다.

“이 지루하기 짝이 없는 작업을 재미있게 할 수 있는 방법이 생각났어! 우리 맘대로 프로그램을 짜 보는 거야.”

“맘대로? 학교에서 시킨 일을 어떻게 우리 맘대로 하지?”

켄트 에반스는 빌 게이츠의 꿍꿍이를 짐작조차 못했다. 여전히 하품을 해 대는 켄트 에반스를 향해 빌 게이츠는 거침없이 자신의 계획을 이야기했다.

“자, 자, 생각해 봐. 어차피 이 프로그램을 짜는 사람은 우리잖아. 그러니까 우리 둘이 원하는 반에서 원하는 수업을 들을 수 있도록 살짝 속임수를 써 보는 거지. 수학 시간엔 나 혼자만 남학생이고 모두 다 여학생들로만 채워지도록 할 수도 있어. 어때, 재미있지 않니?”

빌 게이츠의 짓궂은 아이디어에 켄트 에반스는 잠이 확 달아나고 말았다. 이후 두 사람은 산더미처럼 남아 있는 작업들을 깔깔거리며 즐겁게 해치웠다. 그것은 재미있는 구석이라고는 찾아볼 수 없는 딱딱한 프로그램에서 재미라는 요소를 찾아내는 훈련이 되기도 했다. 그리고 두 사람은 정말로 빌 게이츠의 아이디어대로 프로그래밍을 해 나갔다.

돌아오지 못한 친구, 돌아온 친구

1972년 5월, 빌 게이츠는 산악 여행을 떠난 켄트 에반스를 기다리고 있었다. 켄트 에반스가 돌아오면 좀 더 속도를 내서 프로그램을 마무리할 생각이었다. 빌 게이츠는 벌써부터 프로그램을 끝마친 다음의 만족감에 젖어 있었다. 그러나 기다리던 켄트 에반스는 돌아오지 못했다. 불행히도 여행 도중 험한 바위 아래로 추락했던 것이다. 그 사고로 머리를 심하게 다친 켄트 에반스는 헬기로 이송되던 도중 세상을 떠나고 말았다.

빌 게이츠는 믿음직스러웠던 친구를 잃은 슬픔 때문에 아무것도 할 수 없는 상태가 되었다. 하지만 아직 끝내지 못한 숙제가 남아 있었다.

'누군가가 내 곁에서 힘이 되어 주면 좋겠어. 폴 앨런이 돌아온다면 얼마나 좋을까?'

폴 앨런은 기꺼이 빌 게이츠 곁으로 돌아왔다. 두 사람은 켄트 에반스가 미처 끝내지 못한 숙제를 함께 끝마쳤다.

프로그램을 완성한 빌 게이츠와 폴 앨런에게 학교 측은 5000달러를 지불했다. 그러나 보수보다 더 큰 선물이 빌 게이츠를 기다리고 있었다. 빌 게이츠가 레이크사이드의 컴퓨터 천재로 이름을 날리게 되었던 것이다. 빌 게이츠를 손가락질하던 학생들이 그를 부러워하기 시작했다. 5년 전 외톨이로 학교생활을 시작한 B급 학생 빌 게이츠가, 컴퓨터 덕에 레이크사이드의 영웅이 된 것이었다.

우리가 컴퓨터를 만들자!

그러나 영웅이 된 빌 게이츠의 생활은 여전히 고단했다. 그동안 벌어들인 컴퓨터 사용료 역시 순식간에 바닥이 났다. 밑 빠진 독에 물을 붓는 격이었다. 컴퓨터를 사용하기 위해 끊임없이 돈을 벌어야 하는 일은 고달프고 힘든 행군이었다.

폴 앨런은 오랫동안 고민했던 문제를 이제 빌 게이츠에게 이야기할 때라고 생각했다. 폴은 마침내 입을 열었다.

"빌! 오랫동안 생각해 봤는데……, 우리가 직접 컴퓨터를 만들자. 우리가 컴퓨터를 만들어서, 더 이상 컴퓨터를 찾아 떠돌아다니는 짓은 그만하자. 그리고 우리가 만든 컴퓨터로 사업을 하는 거야. 회사를 차리자고."

빌 게이츠는 폴 앨런의 말이 못미더웠다. 어떻게 자신들이 컴퓨터를 만들 수 있단 말인가. 빌은 자신에게 컴퓨터를 만들 수 있는 능력이 없다는 것을 잘 알고 있었다. 그러나 폴 앨런은 확신에 찬 목소리로 빌을 설득했다.

"내가 만들게. 내가 만들 수 있어."

빌 게이츠는 폴 앨런이 자신과는 달리 전자와 기계를 훤히 꿰뚫고 있다는 것을 이미 알고 있었다. 그렇다고 해도 폴 앨런이 그 엄청난 컴퓨터를 만들 수 있으리라고는 상상할 수 없었다. 하지만 폴 앨런은 빌 게이츠가 미처 보지 못한 컴퓨터 업계의 작은 변화를 이미 알고 있었다. 그 변화를 목격한 후 폴 앨런은 자신이 컴퓨터를 만들 수 있다는 확신을 갖게 되었다.

폴은 빌 게이츠에게 떨리는 목소리로 자신이 본 것을 이야기했다.

"빌! 우리도 컴퓨터를 만들 수 있어. 그것을 가능하게 해 주는 칩이 이제 막 세상에 나왔어. 여태까지는 볼 수 없었던, 상상할 수 없을 만큼 작은 칩이야. 그 칩이 있으면 작은 컴퓨터를 만들 수가 있

지. 그 칩은 앞으로 덩치 큰 컴퓨터를 작게 변화시킬 거야. 우리뿐만이 아니라 많은 사람들이 컴퓨터를 만들 거고. 그래서 언젠가는, 그게 언제가 될지는 모르겠지만, 평범한 사람들도 컴퓨터를 사용할 수 있는 날이 오게 될 거야.”

컴퓨터 칩의 출현

폴 앨런의 손에 이끌려 컴퓨터 부품 상점에 도착한 빌 게이츠는 커다란 충격에 휩싸였다. 컴퓨터의 핵심 부품 하나가 빌 게이츠의 손바닥에 놓였다. 그것은 컴퓨터의 두뇌에 해당하는 부품으로, 폴 앨런이 떨리는 목소리로 말했던 그 ‘칩’이었다.

빌 게이츠는 너무나 작은 칩 한 조각을 보고는 입을 다물지 못했다.

‘이렇게 작은 칩이 컴퓨터의 두뇌 역할을 할 수 있다니……. 이렇게 작은 칩이 세상에 나오다니…….’

폴 앨런도 소문으로만 듣던 작은 칩을 직접 보고 있다는 감격에 차마 그것을 손으로 만져 보지도 못했다. 그러는 사이 빌 게이츠는 또 한 번 기절할 만큼 놀랐다. 아무것도 아닌 것 같아 보이는 그 작은 칩의 가격이 360달러라는 것이었다.

‘맙소사, 이 작은 칩 하나의 가격이 360달러라니! 정말 이 칩만 있으면 컴퓨터를 만들 수 있을까?’

빌 게이츠는 반신반의하며 주머니에서 360달러를 꺼내 계산했다. 상점 주인이 알루미늄에 조심스럽게 포장해서 건네준 작은 칩을 떨리는 손으로 건네받은 빌은, 이 작은 칩이 어떤 방향으로 자신의 인생을 끌고 나갈지 아직 전혀 알지 못했다.

빌 게이츠는 이 작은 칩으로 만든 컴퓨터로 무슨 일을 해낼 수 있는지 모조리 시험해 볼 작정이었다.

바쁘게 걸음을 떼 놓는 빌 게이츠 옆에서 폴 앨런은 여전히 감격에 젖은 표정으로 말했다.

"빌, 이 작은 칩을 믿으라고. 이 칩에 우리의 미래를 한 번 걸어 보는 거야."

폴 앨런의 말이 강렬하게 빌 게이츠를 파고들었다.

트래프-오-데이터의 사장, 고등학생 빌 게이츠

폴 앨런은 상점에서 사 온 인텔의 8008칩을 자랑스러운 듯 들여다보고 있었다. 그리고 그는 곧 신성한 일을 하는 사람처럼 컴퓨터 조립에 매달렸다.

빌 게이츠는 폴이 만들 컴퓨터를 작동시킬 수 있는 프로그램을 짰다. 모든 것이 순조로웠다. 하지만 쉽게 내디딘 첫발자국에 비해 다음 번 발자국을 떼기는 쉽지 않았다. 컴퓨터를 만든 다음의 목표는 컴퓨터를 이용해 돈을 버는 것, 즉 회사를 차리고 자신들이 개발한 각종 프로그램을 파는 것이었다.

전화기를 내려놓는 빌 게이츠의 입에서 한숨이 새어 나왔다. 조바심을 내며 지켜보는 폴 앨런을 보며 빌은 고개를 흔들었다. 많은 컴퓨터 회사에 전화를 걸어 자신들이 만든 컴파일러나 에디터를 써 보라고 권했지만 그 어떤 회사도 두 사람의 실력을 믿으려 하지 않았다. 한 명은 아직 고등학생이고, 폴 앨런은 고작 대학 신입생이기 때문이었다.

빌 게이츠는 포기하지 않고 다시 한 번 전화기를 들었다. 이번에는 미국에서 가장 큰 컴퓨터 회사인 IBM이었다. 빌은 짐짓 어른스러운 목소리를 내려고 노력하며 수화기 너머의 진짜 어른을 상대했다.

"저희는 많은 프로그램을 가지고 있습니다. 그중에서도 프로그램을 수정하는 에디터나 프로그램 작성을 도와주는 컴파일러 같은 것들이 있습니다. 저희 것을 한 번 써 보시지요."

수화기 너머의 목소리는 빌 게이츠의 제안을 단박에 거절했다.

"우리는 이미 회사 안에서 모든 것을 만들고 있습니다. 그러니 굳이 당신들이 만든 것을 쓸 이유가 없지요."

이야기가 잘 풀리는 경우에도 마지막 산을 넘지는 못했다. 그들은 빌 게이츠가 몇 살인지, 어떤 일을 하고 있는지 물은 뒤, 고등학생이라는 것을 알고는 서둘러 전화를 끊었다. 하지만 희망이 아주 없는 것은 아니었다. 이미 빌 게이츠는 도로를 달리는 자동차의 수를 자동으로 계산할 수 있도록 고안한 테이프를 만든 바 있었다. 이것은 시애틀의 교통 문제를 해결하기 위한 소프트웨어였다. 폴 앨런과 빌 게이츠는 우선 그것을 이용해 사업을 시작하기로 했다. 폴 앨런이 만든 컴퓨터도 있으니 사업에 필요한 모든 것이 준비된 셈이었다.

빌 게이츠와 폴 앨런은 회사 이름을 '트래프-오-데이터(Traf-o-Data)'라고 지었다.

폴 앨런과 함께 트래프-오-데이터를 차린 빌 게이츠는 고등학교 3학년이었다. 고등학교 3학년인 빌 게이츠에겐 커다란 숙제가 있었다. 대학 진학이었다. 하지만 이제 막 시작한 사업을 내팽개칠 수는 없는 일이었다. 그의 회사는 금세 쓰러져 버릴 듯 위태로웠다. 그러나 행운의 여신은 엉뚱한 곳에서 미소를 짓고 있었다.

빌 게이츠가 회사의 자금난 때문에 쩔쩔매고 있던 그때, 노스웨스트 지역의 전기 배선을 맡고 있는 프로그래머들은 빈번하게 발생하는 프로그램의 오류를 해결하기 위해 진땀을 흘리고 있었다. 그들의 손에는 두툼한 책자가 들려 있었는데, 그것이 프로그램을 고쳐 주는 참고서 역할을 하고 있었다. 300페이지나 되는 그 책에는 컴퓨터상에서 일어날 수 있는 각종 오류들이 빠짐없이 정리되어 있었다. 그리고 제일 마지막 책장에는 이 책을 정리한 두 사람의 이름이 적혀 있었다. 빌 게이츠와 폴 앨런, 두 사람이 C-큐브드에서 일할 때 만든 책이었던 것이다.

프로그래머들은 빌 게이츠와 폴 앨런을 급히 수소문했다. 두 사람과 계약을 맺고 나서 나머지 공사를 진행시킬 생각이었던 것이다.

크리스마스 휴가 기간에 행운의 전화가 걸려 왔다.

"입사 면접을 보고 싶으니 이리로 당장 와 주겠소?"

물론 전화를 건 사람은 빌 게이츠가 아직 고등학생이라는 사실을 알지 못했다. 회사의 자금난을 해결하고 싶어서 동분서주하던 빌 게이츠는 자신에게 찾아온 행운을 마다하지 않았다. 비록 고등학교 3학년으로 대학 진학을 코앞에 두고 있었지만, 빌은 학교로부터 직업 훈련 휴가를 얻어 시애틀 남쪽으로 달려갔다.

파라다이스

빌 게이츠와 폴 앨런이 도착한 곳은 전기 공사가 벌어지고 있는 한 발전소였다. 발전소 지하의 거대한 통제실을 보자 두 사람은 입을 다물지 못했다. 그곳은 모든 것이 갖춰진 천국 같았다. 최첨단 기계들과 최신식 컴퓨터가 그들을 맞이했다. 빌 게이츠는 지금 자신의 눈앞에 펼쳐지고 있는 이 광경이 지금까지 보아 온 그 어떤 텔레비전 쇼보다 멋지다고 생각했다. 빌은 고작 고등학생인 자신이 이곳에서 최첨단 컴퓨터에 명령을 내리고 세상으로 흘러 들어가는 전기를 조절하게 될 거라는 사실이 도저히 믿어지지 않았다.

그들은 발전소 근처의 한 아파트에 묵으면서 일을 시작했다. 고등학생이었던 탓에 다른 사람보다 싼 임금을 받을 수밖에 없었지만 그런 것은 아무런 불평거리도 되지 않았다. 발전소의 컴퓨터를 움직이는 고등학생! 세상을 향해 흘러 들어가는 전기를 조절하는 고등학생! 그것은 세상에서 가장 똑똑하고 멋진 고등학생이 되었다는 사실과 다르지 않았기 때문이다. 하지만 빌 게이츠는 결국 김칫국부터 마신 꼴이 되고 말았다. 빌 게이츠가 컴퓨터를 만져 볼 기회는 오지 않았던 것이다.

빌 게이츠에게 주어진 일은 하루 종일 책상 앞에 앉아서 문서 작성을 하는 것이었다. 그는 자신의 능력을 알아주지 않는 회사가 원망스러웠다.

'내 컴퓨터 실력으로 고작 이런 일이나 하고 있어야 하다니! 폴도 나보다 한 수 아래인데, 왜 나한텐 이런 일만 시키는 거야! 고등학생이라고 차별하는 게 분명해.'

빌 게이츠는 질투와 부러움이 가득 찬 눈길로 폴 앨런을 바라보았다. 폴 앨런은 컴퓨터 전문가처럼 근사한 모습으로 컴퓨터를 만지고 있었다. 고등학생이던 빌 게이츠와는 달리 이미 대학생이 된 폴에게 주어진 임무는 컴퓨터 시스템을 살려 내는 일이었다. 폴 앨런의 모습이 바로 빌 게이츠가 상상했던 자신의 모습이었다. 빌 게이츠는 초라하게 추락해 버린 자신의 모습을 인정하기 싫었다. 자신에 대한 실망과 상처 받은 자존심으로 머릿속이 뒤죽박죽되었을 때 또 다른 불안 하나가 빌 게이츠의 마음을 무겁게 했다.

빌 게이츠는 이곳에 오기 전 미국 최고의 명문인 하버드 대학에 입학 신청서를 제출한 상태였다. 하지만 하버드 대학에서는 아직 아무런 대답이 없었다. 하버드 대학에서의 입학 허가 소식을 초조하게 기다리는 빌 게이츠를 보다 못한 폴 앨런이 말했다.

"빌, 너는 인정할 수 없겠지만, 세상엔 너보다 더 똑똑한 고등학생들이 수없이 많을 거야. 물론 하버드 대학에도 너보다 잘난 아이들이 지원했겠지. 그러니까 아직까지 소식이 없는 걸 거야. 너무 많은 기대는 하지 마라. 그러면 실망도 더 커질 테니까."

폴 앨런의 말에 빌 게이츠의 얼굴이 일그러졌다.

"나보다 더 똑똑한 아이들! 그런 아이들이 있을 리 없어!"

빌 게이츠는 자부심이 넘치는 10대였다. 그러나 지금은 세상에서 가장 보잘것없는 존재가 되어 버린 듯한 자신을 보고 있었다. 연구소 한구석에 마련된 초라한 책상이 빌 게이츠의 자리였다. 빌 게이츠는 이 모든 현실을 인정하고 싶지 않은 듯 세차게 고개를 흔들었다.

빌 게이츠의 사업가적 기질

미국의 의원 선거가 있던 1972년, 빌 게이츠는 잠시 정치가가 되어 볼까 하는 호기심에 한 하원 의원의 비서직을 수행하게 된다. 그러다가 기발한 사업거리를 발견하는데, 그것은 바로 선거 기간 중에 만들어진 배지를 몽땅 사들여, 선거가 끝난 후 비싼 값에 파는 것이었다.

빌 게이츠의 예상대로 기념품을 수집하는 사람들은 선거가 끝나자 배지를 사 모았다. 그들은 선거 기간에 팔렸던 가격의 3~4배나 주고 빌 게이츠에게서 배지를 샀다.

엉뚱한 비서를 둔 하원 의원은 불행하게도 선거에서 떨어졌지만, 빌 게이츠는 사업에 성공했다.

불안한 미래

그 누구보다도 자신만만하고 오만했던 10대 소년 빌 게이츠. 그도 다른 청소년들처럼 앞으로 자신이 어떤 직업을 가져야 할지, 어떤 인생을 가꿔 나갈지에 대한 고민으로 방황했다. 빌 게이츠가 그려 본 수많은 미래의 모습 속에서 그는 늘 주인공이었다. 그는 어떤 직업을 갖게 되든 최고의 위치에 서 있겠다고 다짐했다. 평범한 조연 자리는 결코 10대의 빌 게이츠가 바라는 모습이 아니었다.

열아홉 살, 10대의 마지막 문턱에 선 빌 게이츠는 자신이 걸어가야 할 미래를 보았다.

"저는 열아홉 살 때 미래의 모습을 보았습니다. 그리고 그때 내가 본 모습에 모든 걸 걸기로 결심했습니다. 결국 내 생각이 옳았음이 입증되었지요.”

오만한 하버드 대학생

1973년, 열여덟 살의 빌 게이츠는 졸업을 하기 위해 레이크사이드 학교로 돌아왔다.

어른 티가 물씬 풍기는 졸업생들 속에서 깡마른 빌 게이츠가 환하게 미소 짓고 있었다. 빌은 레이크사이드에 처음 입학했을 때나 마찬가지로 학생들의 인기를 끌 만한 외모를 갖고 있지는 않았다. 하지만 졸업식장에서 모두가 부러워하는 인물임에는 틀림없었다. 그의 희망대로 미국 최고의 명문인 하버드 대학에 진학했기 때문이다. 게다가 평범한 하버드 신입생이 아닌, 국가 장학생이었다. 빌 게이츠의 뛰어난 수학 성적과 레이크사이드 학교를 위해 프로그래밍을 했던 경험이 높이 평가된 것이었다.

누구보다 성공한 삶을 살겠다고 꿈꿔 왔던 빌 게이츠는 하버드 대학에서 법학을 전공하기로 결심했다. 시애틀에서 변호사로 명성이 높은 아버지의 뒤를 이어, 아버지보다 더 유명한 법조인이 되겠다는 야심 때문이었다. 그렇다면 레이크사이드 학교에서 대부분의 시간을 바친 컴퓨터는 어떻게 할 것인가? 빌 게이츠가 하버드 대학에 입학할 때까지만 해도 컴퓨터는 세상의 주류가 아니었다. 세상을 이끌어 나가는 주인공이 되고 싶었던 빌 게이츠는 컴퓨터 사업이 그 꿈을 이루어 줄 것이라고 확신하지 못했다. 컴퓨터에 발을 들여놓은 이후 많은 컴퓨터 회사들이 하루아침에 사라지는 것을 목격했고, 자신이 만든 트래프-오-데이터 회사 역시 낙제점을 면치 못하고 있는 상황이었기 때문이다.

"컴퓨터는 당시만 해도 주류가 아니었습니다. 그래서 저는 스스로 영원한 해커로 살 수는 없다고 생각했습니다."

빌 게이츠에게 컴퓨터는 분명 손을 뗄 수 없는 매력적인 대상이었다. 하지만 인생의 목표로 삼기에는 위험하기 짝이 없는 존재이기도 했다.

결국 빌 게이츠는 법학부의 신입생이 되었다. 그러나 수학에 대한 열정과 자신감을 버리지 못하고 하버드에서 가장 어려운 수학 과목 중 하나인 '수학55' 과목을 신청했다. 이 과목을 수강하는 학생 가운데 신입생은 빌 게이츠 한 명뿐이었다.

수학55 과목의 첫 수업이 있던 날, 빌 게이츠의 자신만만함이 한 풀 꺾이고 말았다. 강의실에서는 수학 천재들이 저마다 오만한 표정으로 강의를 듣고 있었다. 그들의 수학 실력은 결코 신입생인 빌 게이츠에게 뒤지지 않았다. 빌 게이츠는 수학 천재들을 따라잡기 위해 밤을 새우며 수학 문제와 씨름했다. 하지만 역부족이었다. 언제부터인가 빌 게이츠는 강의 내용조차 알아들을 수 없을 지경이 되고 말았다. 하버드 대학에는 빌 게이츠보다 더 똑똑한 학생들이 수두룩할 것이라는 폴 앨런의 말이 옳았다.

시련의 시간들

부푼 꿈을 안고 시작했던 하버드 대학 생활은 바람 빠진 풍선처럼 시들해지고 있었다. 빌 게이츠는 수업에 흥미를 잃고 레이크사이드 학교에서처럼 B급 학생이 되어 갔다. 게다가 여전히 열정을 쏟고 있었던 트래프-오-데이터 역시 위기에서 헤어나지 못하고 있었다. 빌 게이츠는 회사를 살리기 위해 온 정성을 쏟았다. 새로운 교통 통제용 소프트웨어를 만들어 하루라도 빨리 떨어져 나간 고객들을 모아야 한다고 생각한 빌은 소프트웨어 개발에 매달렸다.

1974년, 잠시 하버드 대학을 떠난 빌 게이츠는 부모님이 계신 집으로 돌아왔다. 막 개발을 끝마친 소프트웨어의 마지막 시험을 하는 빌 게이츠의 얼굴에는 오랜만에 만족스러운 미소가 흘렀다.

'완벽해! 모든 것이 완벽해. 이 정도라면 중요한 고객들을 끌어모을 수 있겠어!'

빌 게이츠는 이 소프트웨어가 트래프-오-데이터의 부진을 단번에 씻어 버릴 것이라고 확신했다.

다음 날, 빌 게이츠가 어렵게 끌어모은 고객들이 집으로 초대되었다. 그들은 새로운 소프트웨어가 작동되기를 기다렸다. 빌 게이츠는 고객들 앞에서 침착하게 시험 작동을 해 보였다. 하지만 시간이 지날수록 빌 게이츠의 얼굴은 창백해졌다.

빌 게이츠, 새로운 고객들, 아들의 모습을 초조하게 보고 있던 빌 게이츠의 어머니, 모두의 얼굴 위로 서늘한 한기가 스쳐 지나갔다. 프로그램이 작동되지 않았던 것이다. 당황한 빌 게이츠는 다시 시도해 보았다. 하지만 결과는 마찬가지였다. 고객들은 어린아이처럼 허둥대는 빌 게이츠를 딱하게 쳐다보며 하나둘 자리를 떴다.

냉정하게 돌아서는 고객들 앞에서 빌 게이츠는 길 잃은 어린아이처럼 어머니에게 도움을 청했다.

"어머니, 어머니는 보셨잖아요. 어젯밤에 이 프로그램이 완벽하게 작동되는 것을 보셨잖아요. 어머니, 사람들에게 이야기해 주세요. 이 프로그램이 어제는 아무런 이상 없이 잘 돌아갔다고, 빨리 사람들에게 말씀해 주세요, 네? 어머니!"

수많은 경쟁자들이 버티고 있는 컴퓨터 시장에서는 단 한 번의 작은 실수조차 치명적이었다. 고객들은 다시는 빌 게이츠에게 일을 맡기지 않을 것이었다.

트래프-오-데이터를 살리기 위한 빌 게이츠의 노력에도 불구하고, 그해 12월까지 회사 수입은 고작 250달러에 불과했다. 빌 게이츠와 폴 앨런이 트래프-오-데이터를 차리기 위해 구입했던 칩 하나의 가격보다 적은 액수였다.

"세상에서 가장 우울한 젊은이처럼 저는 하버드 대학교 기숙사에 틀어박혀 지냈습니다. 평생 무엇을 하며 살 것인지 열심히 생각하고 또 생각했습니다."

수학 과목 성적은 그런대로 괜찮았지만, 빌 게이츠는 전공과목에 열중할 수가 없었다. 아버지처럼 법조인이 되려던 꿈도 하찮게 생각되었다.

"저는 곰곰이 생각했습니다. 만약 법률 회사에 들어가게 된다면, 동료들 중 누군가에게 미움을 받은 나머지 늘 하찮은 사건들만 맡게 될지도 모른다는 상상을 하게 되었습니다. 맙소사! 그렇게 되면 1등 법조인이 되기는커녕 평생 하찮은 인생을 살게 될 것만 같았습니다."

고민과 갈등의 나날 속에서 빌 게이츠는 포커 게임과 컴퓨터에 깊이 빠져들었다. 그 두 가지 분야에서만은 하버드 대학에서 빌 게이츠가 단연 일인자였다.

자신의 진로에 대해서는 확실한 해답을 얻지 못한 빌 게이츠였지만 다가올 미래에 대해서는 변치 않는 확신을 가지고 있었다. 그것은 미래의 언젠가는 세상 모든 사람들이 컴퓨터를 사용하게 될 것이라는 믿음이었다. 빌 게이츠는 하버드 대학생들과 열띤 토론을 벌이며 자신의 주장을 펼쳤다.

"언젠가 책은 이 세상에서 없어질 거야. 왜냐하면 컴퓨터로 모든 것을 얻어 낼 수 있기 때문이지. 컴퓨터가 책을 대신하는 세상이 올

거야. 그리고 모든 사람들이 자신의 컴퓨터를 갖게 되는 그런 때가
올 거라고."

기숙사 휴게실에는 확신에 가득 찬 빌 게이츠의 목소리가 울려
퍼졌다. 그러나 그 자리에 있던 하버드 대학생들
은 단 한 사람도 빌 게이츠의 이야기에 귀
를 기울이지 않았다.

'빌 게이츠는 과학 소설을 너무 많이 읽은 것 같군. 소설의 내용을 현실로 착각하다니……'

주변의 차가운 시선에도 아랑곳하지 않고 빌 게이츠는 목소리에 더욱 힘을 주었다.

“모든 사람들이 컴퓨터를 가지게 될 거야. 사람들은 자신의 집과 회사에서 자유롭게 컴퓨터를 사용하지. 컴퓨터는 책상 위에 놓을 수 있을 정도로 작아질 거고, 당연히 가격도 싸질 거야. 컴퓨터로 할 수 있는 일도 어마어마하게 많아서 사람들의 필수품이 될 거야.”

빌 게이츠의 주장을 듣는 학생들은 빌이 그려 내는 미래의 모습을 상상조차 할 수 없었다. 누군가가 허무맹랑한 소리는 그만 집어치우라는 듯 빌 게이츠에게 소리를 질렀다.

“네 말은 그러니까, 결국 컴퓨터를 쓰지 않고는 못 배기는 세상이 온다는 소리로구나. 컴퓨터의 능력이 사람의 능력보다 뛰어나서 모든 일을 컴퓨터에 의존하게 되고 말이야. 그것도 평범한 개인이 컴퓨터를 사용할 수 있게 될 거라고? 유감스럽지만 난 빌 게이츠 너처럼 컴퓨터에 취미가 있는 사람이 아니거든. 뭐하러 평범한 사람들이 골치 아픈 컴퓨터를 사용해야 하지? 내가 컴퓨터를 사용하는 일은 지금도, 그리고 앞으로도 없을 거야.”

모두들 고개를 끄떡이며 빌 게이츠의 얼굴을 바라보았다. 빌 게이츠는 끊임없이 자신의 주장을 펼쳤지만 귀 기울여 주는 학생은 없었다.

토론에서 돌아오는 길에 빌 게이츠는 기숙사 복도 아무 곳에나 쓰러져 잠이 들었다. 그런 빌 게이츠를 따뜻하게 일으켜 세워 주는 사람은 아무도 없었다.

고철 덩어리 컴퓨터

하버드 대학생들에게 빌 게이츠는 지저분하고 괴팍스러운 존재로 여겨졌다. 컴퓨터와 포커 게임에 온 정신이 팔린 빌 게이츠는 옷도 거의 갈아입지 않았으며, 자신의 방을 청소하는 일 따위도 모두 잊고 말았다. 하버드 대학에서의 생활은 레이크사이드 학교생활의 반복이었다.

빌 게이츠가 유일하게 기다리는 시간은 주말에 폴 앨런을 맞이하는 순간이었다. 워싱턴 대학에 다니는 폴 앨런은 빌 게이츠를 만나기 위해 주말마다 하버드 대학 기숙사를 찾았다.

두 사람은 만나자마자 컴퓨터 이야기를 주고받았다. 그들은 앞으로 트래프-오-데이터를 어떻게 운영해 나가야 할지, 또 앞으로 컴퓨터의 미래는 어떻게 변할지에 대해 지칠 줄 모르고 수다를 떨었다. 그 순간만큼은 빌 게이츠의 얼굴에서 불안과 외로움이 사라졌다. 컴퓨터에 대한 이야기를 재미있게 나눌 수 있는 유일한 상대인 폴 앨런은 빌 게이츠에게 정말 소중한 벗이자 동료였다.

1974년 12월, 차갑고 매서운 바람이 하버드 대학 교정에 휘몰아쳤다. 빌 게이츠를 만나고 돌아가던 폴 앨런은 갑작스러운 추위에 외투를 추슬렀다. 하버드 대학교를 빠져나가려는 순간, 폴 앨런은 전기 충격을 받은 듯한 아찔함을 느꼈다. 그의 눈은 잡지를 팔고 있는 가판대에 고정되었다. 놀라움에 손끝이 떨리는 것을 진정시키며 잡지 하나를 집어 든 폴 앨런. 그는 혼이 나간 사람처럼 중얼거렸다.

"믿을 수 없어……, 믿을 수 없어."

곧이어 그는 잡지를 손에 움켜쥐고 빌 게이츠의 기숙사를 향해 전속력으로 달려갔다.

"빌 게이츠, 빌! 이것 좀 봐. 드디어 일이 벌어지고 말았어!"

기숙사 방문을 박차며 다시 나타난 폴 앨런을 깜짝 놀라 바라보던 빌 게이츠는 뭔가 중대한 일이 벌어졌음을 직감했다. 빌 게이츠의 시선 역시 폴 앨런을 돌처럼 굳게 만들었던 그 잡지에 꽂혔다. 폴 앨런은 꽉 움켜쥐고 있던 잡지를 급히 빌 게이츠에게 내밀었다.

"빌! 이것 좀 봐! 우리가 늘 이야기하던 일이 현실이 되어 버렸어. 이게, 이 잡지 표지 사진이 뭔지 알겠지?"

빌 게이츠는 놀란 표정을 지으며 고개를 끄덕였다. 잡지 표지를 장식하고 있는 것은 컴퓨터였다. 그것도 여태껏 본 적이 없는 작은 컴퓨터였다.

'컴퓨터! 진짜 미니컴퓨터잖아.'

빌 게이츠는 심장이 멎는 것만 같았다. 그 컴퓨터는 일반인들이 집에서 사용할 수 있을 만큼 작았다. 폴 앨런이 잡지를 펼쳐 기사 하나를 읽었다.

"'모든 가정에서 컴퓨터를 사용하는 시대가 도래했다. 이 알테어(Altair) 컴퓨터가 그것을 이루어 줄 것이다!' 굉장해. 굉장하지 않니, 빌! 우리의 상상이 맞아떨어졌어."

1974년 말, 드디어 컴퓨터는 변화하기 시작했다. 그동안 사람들이 상상조차 하지 못했던 작은 컴퓨터가 세상에 출현한 것이었다. 빌 게이츠는 미래를 목격하는 두근거림 속에서도 왠지 모를 섭섭함을 느꼈다.

'정말, 누군가가 그 일을 해내고 말았구나. 나보다 똑똑한 누군가가……'

빌 게이츠는 늘 상상해 오던 미래의 모습에서 주인공은커녕 초라한 구경꾼 신세가 된 자신이 원망스럽기만 했다. 그런 빌 게이츠의 마음을 읽은 듯한 폴 앨런의 말은 절망을 희망으로 바꾸어 놓았다.

"빌! 걱정하지 마. 우리도 이 컴퓨터 혁명에 동참할 수 있어. 아직 늦은 게 아냐. 사람들이 이 컴퓨터를 재미있게 사용할 수 있도록 멋진 프로그램을 만들어 보자고! 아직 아무도 그 생각까지는 하지 못했을 거야."

폴 앨런의 예감은 정확했다. 지금 세상에 막 모습을 선보인 미니컴퓨터 알테어는 아직 쇳덩어리에 불과했던 것이다.

빌 게이츠는 사업가적인 기질을 발휘해 과연 알테어 컴퓨터를 위한 프로그램 개발이 어떤 결과를 가져올 것인지 재빨리 그 가능성을 점쳐 보았다.

'알테어 컴퓨터는 분명 큰 인기를 끌게 될 거야. 그렇다면 알테어를 움직이는 소프트웨어는? 당연히 컴퓨터가 팔려 나가는 만큼 날개 돋친 듯 팔려 나가겠지. 그리고 언젠가는 알테어 컴퓨터보다 더 중요한 존재가 될 게 틀림없어.'

빌 게이츠는 성공을 확신했다. 알테어 컴퓨터는 시작에 불과했다. 앞으로 일반인이 사용할 수 있는 수많은 종류의 컴퓨터가 개발되리라는 것 또한 빌 게이츠는 잘 알고 있었다. 그것은 빌이 꿈속에서조차 잊지 않았던 미래의 모습이기 때문이었다. 단지 그 미래가 이렇게 빨리 다가올 줄 미처 예상치 못한 것뿐이었다.

'지금 막 시작된 컴퓨터의 변화에 뛰어들자. 컴퓨터에 나의 미래를 걸자. 그것이 세상의 주인공이 될 수 있는 가장 확실한 방법이다.'

이제 빌 게이츠에게 필요한 것은 누구보다 빨리 이 새로운 흐름에 동참하는 것이었다.

겁 없는 청년 사업가

알테어 컴퓨터의 등장을 심각하고 진지하게 받아들이는 사람은 많지 않았다. 알테어 8800은 사실 컴퓨터라고 이름 짓기도 민망할 정도로 수준이 낮았기 때문이다.

알테어를 만든 MITS(Micro Instrumentation and Telemetry System)조차 별다른 기대를 걸지 않았다. 어쩌면 빌 게이츠와 폴 앨런은 알테어 컴퓨터에서 앞으로 다가올 세상의 모습을 발견한 유일한 사람이었을지도 모른다.

"MITS는 알테어의 중요성을 전혀 알지 못했습니다. 아니, 당시 어느 누구도 이해하지 못했죠. 하지만 저와 폴 앨런은 앞으로 전 세계의 모든 가정과 학교에 컴퓨터가 설치될 것이라는 사실을 알고 있었습니다."

빌 게이츠의 예상대로 알테어의 인기는 하늘을 찔렀다. 미국 뉴 멕시코 주에 위치한 MITS는 밀려들어 오는 주문에 숨이 막힐 정도였다. 평범한 개인이 소문으로만 들었던 컴퓨터를 가질 수 있다는 사실 자체만으로도 사람들은 흥분했다. 379달러만 내면 컴퓨터를 가질 수 있다는 것은 당시로선 굉장한 일이었다.

그러나 알테어의 인기 속에서 정작 이 컴퓨터를 개발한 MITS의 사장 에드 로버츠는 마음이 편치 않았다. 사람들을 만족시킬 수 있을 만한 소프트웨어를 찾지 못했기 때문이다. 컴퓨터를 많이 팔기 위해서는 쓸모 있는 소프트웨어를 찾아야 한다는 것을 그는 잘 알고 있었다. 그러던 어느 날, 로버츠에게 한 통의 편지가 배달되었다. 편지를 읽어 내려가는 로버츠의 표정이 점점 밝아졌다. 편지의 발신인은 빌 게이츠였다.

우리는 알테어에서 작동할 수 있는 프로그램을 가지고 있습니다. MITS를 통해 이 프로그램을 고객들에게 판매하고자 합니다. 저희 프로그램은 귀사의 알테어 미니컴퓨터를 구입한 사람들에게 카세트나 플로피 디스크로 제공될 수 있습니다. 우리는 그것을 귀사에 50달러씩 받고 판매하기를 원합니다. 물론 귀사는 50달러에 구입한 저희의 프로그램을 더 높은 가격으로 팔 수 있을 겁니다.

만일 관심이 있으시다면 우리에게 연락해 주시기 바랍니다.

편지를 읽은 로버츠는 자신의 고민이 말끔히 해결되는 것 같아 후련했다. 그러나 이미 프로그램을 가지고 있다는 빌 게이츠의 말은 거짓이었다. 그것은 게임의 시작이었다.

빌 게이츠는 과감하게 전화기를 들었다.

"베이직 프로그램을 가지고 있다고 편지를 드린 사람입니다. 저희가 방문해서 그 프로그램을 보여 드리면 어떨까요?"

자신만만하게 도전장을 내미는 빌 게이츠의 목소리에 주눅이 든 쪽은 오히려 로버츠였다.

"빌 게이츠 씨, 죄송합니다만 조금 더 기다려 주시겠습니까? 저희 컴퓨터가 아직 많이 부족해서 당신들의 프로그램을 완전히 작동시킬 수 있을지 모르겠습니다. 저희에게 준비할 시간을 더 주시죠. 한 달 이내에 방문해 주시면 프로그램을 작동시킬 모든 준비를 해 놓겠습니다."

예의 바른 로버츠의 대답을 들으며 빌 게이츠는 1라운드 승리의 기쁨을 맛보았다. 전화기를 내려놓은 빌 게이츠는 결과를 기다리고 있는 폴 앨런을 향해 성공의 눈짓을 보냈다.

두 사람은 환호성을 질렀다. 서로 부둥켜안은 채 어린아이처럼 크게 소리를 질렀다.

"드디어 우리가 해냈다!"

빌 게이츠와 폴 앨런, 두 사람은 아무것도 가지고 있지 않았지만 성공을 확신했다.

모험

"아마 MITS에 수많은 프로그래머들이 전화를 걸었을 거야. 다행히 한 달이라는 시간을 벌었으니까 우리에게 승산이 있어. 자, 이제 중요한 것은 다른 경쟁자들보다 빨리 프로그램을 짜는 거라고."

빌 게이츠와 폴 앨런은 긴장을 늦추지 않고 곧바로 프로그램 개발에 몰두했다. 두 사람의 예상대로 MITS에는 수많은 전화가 걸려왔다. 로버츠는 빌 게이츠에게 일을 맡길 것이라던 처음의 생각과는 달리 누구든지 가장 먼저 작업을 끝내는 사람과 계약하겠다고 다짐했다.

프로그램 개발을 시작하자마자 빌 게이츠는 중대한 문제에 부딪혔다. 알테어용 프로그램을 개발해야 하는 두 사람에게 알테어 컴퓨터가 없었던 것이다. 알테어 컴퓨터를 사기 위해선 주문을 하고도 몇 달을 기다려야 했기 때문에 이제 와서 알테어 컴퓨터를 구하는 것은 불가능했다. 두 사람은 서로의 실력을 믿기로 했다. 빌 게이츠는 기계를 꿰뚫어 보는 폴 앨런의 감각을 믿었다. 그리고 폴 앨런 역시 빌 게이츠의 프로그래밍 실력을 믿었다.

두 사람은 잡지에 나와 있는 알테어 컴퓨터의 설명서를 보면서, 상상만으로 작업을 해나갔다. 폴 앨런은 자신의 실력을 발휘해 낡은 컴퓨터를 알테어 컴퓨터처럼 만들었고, 빌 게이츠는 폴이 만든 컴퓨터를 알테어라고 생각하며 프로그램을 짜 나갔다. 그것은 모험이었다.

빌 게이츠의 작업이 약속된 한 달이라는 시간을 넘어가고 있었
다. 약 8주에 걸친 고단한 작업 끝에 드디어 프로그램이 완성되었
다. 하지만 빌 게이츠가 만든 프로그램이 진짜 알테어 컴퓨터에서
제대로 작동할지는 미지수였다.

MITS와의 결전

"완성했습니다."

폴 앨런이 MITS에 전화를 걸어 프로그램의 완성을 알렸다. 그러
나 로버츠의 목소리는 심드렁했다.

"완성했다면 와서 보여 주시오. 벌써 50명도 넘는 사람들이 왔다
갔지만 아무도 프로그램이 실행되는 것을 보여 주진 못했소. 당신
들은 어떨지 모르겠지만, 뭐 별로 큰 기대는 하지 않겠소."

50명이라니! 두 사람은 경쟁자가 그렇게 많을 것이라고는 상상
하지 못했다. 빌 게이츠는 1년 전 고객들 앞에서 망신당했던 순간
이 떠올랐다. 아주 작은 실수조차 용납되지 않는 컴퓨터 시장의 냉
정함을 잘 알고 있는 빌 게이츠는 바짝 긴장했다. 실수 때문에 놓친
기회는 영영 돌아오지 않는다.

"폴! 만약에 프로그램 중 부호 하나라도 잘못 찍혀 있으면 우린
끝장이야."

다음 날 MITS로 가기로 한 폴 앨런에게 빌 게이츠는 걱정을 늘

어놓았다. 하지만 폴은 작업을 끝낸 후련함에 곧 코를 골며 곯아떨
어졌다. 그런 폴 앨런을 보면서도 빌 게이츠는 도저히 잠을 이룰 수
가 없었다. 빌 게이츠는 정신을 가다듬고 다시 한 번 프로그램의 내
용을 꼼꼼하게 훑어보았다. 동이 틀 무렵 빌 게이츠는 마무리 작업
을 했다. 프로그램의 내용을 종이테이프에 모두 옮기고 난 후 빌 게
이츠는 크게 한숨을 내쉬었다.

'이제 모든 것은 행운에 맡기는 수밖에. 잘될 거야. 그렇게 믿자.'

MITS가 있는 뉴멕시코 앨버커키 행 비행기에 오른 폴 앨런은 빌
게이츠가 넘겨준 종이테이프 뭉치를 소중하게 챙겼다.

'모든 것이 완벽하다. 그렇게 생각하자.'

폴 앨런은 느긋하게 생각하려 했지만 왠지 개운하지 않은 느낌
이었다. 비행기 좌석을 편안히 뒤로 젖히는 순간, 폴 앨런의 머리카
락이 곤두섰다. 마침내 불안의 정체가 무엇인지 알아낸 것이었다.

'아차! 스타트 프롬프트.'

프로그램을 실행시키는 데 없어서는 안 되는 스타트 프롬프트
만드는 걸 잊은 것이었다. 스타트 프롬프트가 없는 프로그램은 무
용지물이었다. 폴 앨런은 급히 종이와 연필을 꺼내 들고 허겁지겁
스타트 프롬프트를 만들기 시작했다. 폴 앨런이 스타트 프롬프트
작성을 마쳤을 때 비행기는 뉴멕시코로 막 출발하고 있었다.

폴 앨런을 떠나보낸 빌 게이츠는 극도로 날카로워진 기분을 추

스르고 있었다. 그러나 뜻대로 되지 않았다. 빌 게이츠는 실패를 상상하며 몸을 부들부들 떨었다. 이번 기회를 놓치면 또 언제 기회가 올지 모른다는 조바심 때문이었다.

드디어 MITS에 도착한 폴 앨런은 실망을 감추지 못했다. 근사하고 깔끔한 회사일 것이라고 기대했던 MITS는 낡은 창고나 다름없었다. 하루 종일 컴퓨터를 조립하느라 지친 직원들의 얼굴에선 웃음을 찾아볼 수도 없었다. 폴 앨런은 빌 게이츠와 자신들의 미래가 이렇게 초라한 회사에 달려 있다는 사실이 씁쓸했다. 하지만 폴의 우울한 기분은 곧 말끔하게 날아갔다. MITS 사장인 로버츠가 폴 앨런에게 알테어 컴퓨터를 보여 주었기 때문이다. 알테어 컴퓨터를 위한 프로그램을 개발해 여기까지 왔지만 그때까지도 그 실물을 보지 못했던 폴 앨런은 감동했다.

잠시 얼이 빠져 있던 폴 앨런은 곧 정신을 차리고 자신의 역할로 돌아왔다. 이제 본격적인 게임을 시작해야 하는 시간이다! 폴 앨런은 프로그램이 기록되어 있는 종이테이프를 가리키며 말했다.

"저희가 만든 프로그램을 실행해 보겠습니다."

긴장이 잔뜩 묻어나는 폴 앨런을 무시하고 로버츠는 느긋하게 답했다.

"아직 컴퓨터 테스트 중이니 내일 하도록 합시다."

폴 앨런은 빌 게이츠에게 전화를 걸어 이 모든 상황을 알려야 했다. 그리고 진짜 알테어 컴퓨터를 본 기쁨 또한 나누고 싶었다. 마침내 폴에게서 전화를 받은 빌 게이츠, 그가 알고 싶은 것은 단 하나, 게임의 결과였다.

"폴, 프로그램은 어떻게 됐어? 프로그램은 잘 돌아가?"

"아니, 아직 몰라, 빌. 프로그램은 내일 실행시켜 보기로 했어. 알테어 컴퓨터가 메모리 테스트 중이라서 말야. 덕분에 아까운 호텔비만 날리게 생겼지 뭐야. 게다가 그 사람들은 나를 여기서 제일 비싼 힐튼 호텔로 데리고 왔다고. 호텔비가 없어서 그 사람들한테 돈까지 빌렸어."

아직 프로그램을 실행시켜 보지 못했다는 폴 앨런의 말은 불길하게만 들렸다. 빌 게이츠는 그날 밤도 잠을 이루지 못했다.

결승선

폴의 손이 가늘게 떨리고 있었다. 폴은 MITS 관계자들이 보고 있는 가운데 시험대에 올랐다. 빌 게이츠가 만든 프로그램뿐만 아니라 폴이 만들었던 컴퓨터, 그리고 미래의 모든 것이 한꺼번에 시험대에 오르는 순간이었다.

폴 앨런은 우선 비행기에서 급히 작성한 스타트 프롬프트를 입력했다.

'만약 진짜 알테어에서 돌아가지 않는다면⋯⋯.'

또다시 불안이 몰려왔다. 스위치만 누르면 결정이 난다. 이기느냐 지느냐, 성공이냐 실패냐, 미래로 나아가느냐 여기서 주저앉느냐, 둘 중 하나였다.

하버드 대학 기숙사에 남아 있는 빌 게이츠도 초주검이 되어 있었다.

'어떻게 해서든 진짜 알테어 컴퓨터를 구해서 실행해 봤어야 하는데.'

때늦은 후회가 밀려왔다. 그의 눈앞으로 모든 비참한 상황들이 하나하나 스쳐 지나갔다. 지독한 악몽이었다.

드디어 앨버커키의 폴 앨런은 작동 스위치를 눌렀다. 꿀꺽! 폴의 목구멍으로 침 넘어가는 소리와 함께 컴퓨터가 찰칵 하는 소리를 냈다. 동시에 단말기에 질문 하나가 떴다.

"메모리 크기는?"

그것을 본 폴 앨런은 소스라치게 놀랐다. 그는 자신들의 프로그램이 진짜 알테어 컴퓨터에서 작동된다는 사실에 까무러칠 뻔했다. 폴 앨런은 떨리는 마음을 진정시키고 컴퓨터가 뱉어 낸 질문에 답했다. 그는 메모리 크기를 입력하고 나서 다시 한 번 스위치를 눌렀다. 그러자 다시 단말기에 기분 좋은 글자가 떴다.

"준비 완료."

폴 앨런이 비행기에서 급하게 작성한 스타트 프롬프트는 일단 성공이었다. 하지만 진짜 테스트는 지금부터였다. 빌 게이츠가 8주 동안 밤잠도 잊은 채 만든 프로그램을 입력하는 순간, 떠나기 전 빌이 했던 마지막 말이 떠올랐다.

'만약 부호 하나라도 잘못 찍혀 있다면 모든 것이 허사로 돌아갈

거야.'

폴은 침착하게 타이핑을 시작했다.

"print 2 + 2."

폴 앨런은 이렇게 입력하고 컴퓨터의 대답을 기다렸다. 컴퓨터
는 4라고 대답해야 한다. 만약 그렇게 대답한다면 프로그램의 대부
분이 성공적이라는 뜻이 된다. 이것은 프로그램이 제대로 짜여졌
는지, 그리고 제대로 실행되는지 미리 알아볼 수 있게 만든 테스트
였다.

컴퓨터가 답을 토해 냈다.

"4."

폴 앨런은 빌 게이츠가 만든 다른 프로그램도 입력해 보았다. 모
든 것이 알테어 컴퓨터에서 훌륭하게 실행되었다. 폴 앨런은 긴장
이 채 풀리지 않은 표정으로 사람들을 둘러보았다. MITS 사람들은
믿을 수 없다는 듯 놀라워하며 환호성을 질렀다. 그들은 입에 침이
마르도록 프로그램을 칭찬했다. 그러나 그 순간 가장 놀라고 얼이
빠진 사람은 폴 앨런 자신이었다.

3장

소프트웨어는 상품이다

탄생, 마이크로소프트

스무 살이 된 빌 게이츠는 새로운 사업을 위해 미지의 땅 뉴멕시코 주 앨버커키로 향했다. 모래 먼지 자욱한 앨버커키에 다다른 빌 게이츠의 호주머니 속에는 단돈 1000달러가 들어 있을 뿐이었다.

빌 게이츠는 자본금 1000달러로 마이크로소프트의 깃발을 올렸다. 1975년 4월 14일, 스무 살짜리 사장 빌 게이츠가 이끄는 마이크로소프트의 역사가 시작되었다. 든든한 동료인 폴 앨런과 미래에 대한 확신, 그것이 빌 게이츠가 사업을 시작할 때 가졌던 전부였다.

마이크로소프트의 사장, 빌 게이츠

빌 게이츠는 뉴멕시코 주의 MITS에서 하버드 대학 기숙사로 돌아온 폴 앨런을 반갑게 맞았다. 폴은 알테어 컴퓨터 한 대를 사 가지고 개선장군처럼 돌아왔다. 두 사람은 이제 새로운 사업을 위해 MITS가 있는 뉴멕시코 앨버커키로 떠날 것이었다. 그곳에서 MITS가 요구한 프로그램을 만들며 새로운 사업을 시작할 계획이었다.

"언리미티드(unlimited)는 어떨까?"

앨버커키로 떠나기 전, 빌 게이츠는 폴 앨런과 머리를 맞대고 새로운 회사 이름을 궁리해 보았다. 재미있고 멋진 이름들이 끊임없이 떠올랐지만, 그들은 좀 밋밋하면서도 자신들이 시작할 사업에 딱 들어맞는 이름을 택했다. 그것이 바로 '마이크로소프트(Microsoft)'였다. 작은 컴퓨터라는 뜻을 담은 마이크로(Micro)와 소프트웨어를 뜻하는 소프트(soft)가 합쳐진 이름이었다. 작은 컴퓨터를 위해 소프트웨어를 만들 예정인 두 사람의 사업 계획이 회사 이름에 그대로 녹아 있었다.

"마이크로소프트는 앞으로 개발될 개인용 컴퓨터의 소프트웨어를 책임진다!"

폴 앨런이 소리쳤다. 곧이어 빌 게이츠는 마이크로소프트의 꿈을 이야기했다.

"모든 가정의 책상 위에 컴퓨터 한 대씩을! 이게 바로 마이크로소프트의 목표라고."

"더 나아가서, 그 컴퓨터 안에는 마이크로소프트의 소프트웨어가 깔려 있기를."

두 사람은 새롭게 펼쳐질 미래와 포부 속에서 오랜만에 기분 좋게 웃었다.

스무 살 되던 해에 드디어 빌 게이츠는 자신의 꿈을 향해 첫 걸음을 떼었다.

1975년 4월 14일, MITS가 위치한 앨버커키의 비좁은 아파트에 마이크로소프트 깃발이 올라갔다. 마이크로소프트의 첫 고객은 물론 MITS였다. 빌 게이츠와 폴 앨런은 MITS의 알테어 컴퓨터를 위한 다양한 프로그램을 개발하며 사업을 시작했다. MITS는 빌 게이츠와 폴 앨런에게 3000달러와 함께 베이직 프로그램이 하나 팔릴 때마다 로열티를 지급하기로 약속했다.

빌 게이츠는 레이크사이드 학교에서 함께 프로그래밍을 했던 친구들을 앨버커키로 불러들였다. 그들이 마이크로소프트 최초의 직원인 셈이었다. 그들은 낮 2시부터 새벽 6시까지 프로그래밍 작업에 매달렸다. 끊임없는 일의 행진 속에서 마이크로소프트의 프로그래머들은 늘 잠이 부족했다. 심지어 고객 앞에서 쓰러져 잠이 들기도 했다. 빌 게이츠는 한 회사의 사장이었지만 별다른 경영 스타일을 갖고 있지 않았다. 그저 다른 프로그래머들과 똑같이 열심히 일하는 것이 사장인 빌 게이츠의 스타일이었다. 마이크로소프트를 방문한 그 누구도 빌 게이츠가 사장이라고는 상상하지 못했다. 마이크로소프트에 비서직으로 입사한 중년의 미리엄 루보도 그랬다.

첫 출근을 한 날, 미리엄 루보는 사장인 빌 게이츠의 방으로 겁도 없이 쳐들어가는 이상한 청년을 보고 소스라치게 놀랐다. 미리엄 루보는 즉시 이 사실을 다른 직원에게 보고했다. 이야기를 들은 직원은 웃음을 터뜨리고 말았다.

"빌 게이츠로군. 그 사람이 바로 우리 회사 사장입니다."

미리엄 루보는 자신을 고용한 사장이 고작 스무 살이라는 사실에 깜짝 놀랐다. 그녀가 지켜본 사장의 모습은, 늘 머리에 비듬을 덕지덕지 얹고 살며 이야기할 때는 산만하게 의자를 앞뒤로 흔들어 대는 철없는 10대였다.

빌 게이츠는 머리 감는 것을 가장 싫어했다. 귀찮기 때문이 아니었다. 머리를 감을 때는 다른 일을 할 수 없다는 것이 그 이유였다. 그는 일 중독자였다. 그리고 마이크로소프트의 모든 사람이 일 중독자였다. 일을 최우선으로 하지 않으면 더 이상 회사에 남아 있을 수 없었다.

하버드 대학을 버리다

회사 일에 전념하던 빌 게이츠는 더 이상 학교생활을 하지 못할 지경이 되었다. 마이크로소프트를 만든 이후, 멀리 보스턴에 있는 하버드 대학에 매일 출석하는 것은 불가능했다. 빌 게이츠는 새 학기가 시작되는 첫 수업에만 겨우 참석했는데, 그마저도 포기해야 하는 결정의 순간이 다가왔다.

경제학 시험이 있던 날, 빌 게이츠는 시험지를 받고서 참담한 심정을 감출 수가 없었다. 그는 답안지의 절반도 채울 수가 없었다. 그리고 그것으로 하버드 대학과의 인연도 끝이 났다.

1976년, 빌 게이츠는 하버드 대학이 아닌 마이크로소프트를 선택했다. 하버드 대학에서는 그릴 수 없었던 자신의 미래를 마이크로소프트에서는 생생하게 그릴 수 있었기 때문이었다. 그러나 무엇보다도 큰 힘이 된 것은 부모님이었다. 빌 게이츠의 부모님은 미래가 보장되는 하버드 대학을 버리고 험난한 모험 길에 뛰어든 아들을 지지해 주었다.

"부모님은 제가 하버드 대학을 그만두겠다고 했을 때 조금도 흥분하지 않으셨습니다. 게다가 당시에는 대부분의 사람들이 듣지도 보지도 못했던 마이크로컴퓨터 사업을 시작하겠다고 했을 때도 적극적으로 지지해 주셨습니다."

온전히 마이크로소프트의 사장으로 돌아온 빌 게이츠는 새삼스럽게 회사의 모습을 둘러보았다. 마이크로소프트는 한때 자신이 생활했던 하버드 대학 기숙사를 닮아 있었다. 편안하지 못한 학생용 침대, 쓰레기봉투들, 헐렁한 티셔츠를 입고 자신의 일에 몰두하는 프로그래머들, 그리고 커다란 음악 소리.

빌 게이츠는 마치 대학 캠퍼스처럼 자유로운 회사 분위기에 만족했다. 마이크로소프트의 모습은 10대 시절 자신이 동경했던 C-큐브드의 모습이기도 했다.

세상을 향한 선전 포고, "그건 도둑질입니다!"

"소프트웨어는 상품이다!"

빌 게이츠의 선언은 세상 사람들에게 새로운 화두를 던졌다. 대부분의 사람들은 눈에 보이지 않는 소프트웨어를 상품으로 인정하지 않았다. 그러나 만약 빌 게이츠가 그런 시대의 생각에 정면으로 맞서지 않았다면, 그리고 사람들의 생각을 바꾸어 놓지 않았다면, 마이크로소프트는 존재할 수 없었을 것이다. 빌 게이츠는 '소프트웨어는 공짜'라고 여기던 사람들의 생각을 바꾸어 놓기 시작했다. 그리고 마이크로소프트는 소프트웨어만을 팔아 세계 최고 기업으로 우뚝 섰다.

소프트웨어를 한 장이라도 더 팔기 위해 세상을 향해 선전 포고를 했던 1976년은, 현재의 빌 게이츠에게는 까마득한 옛일일 뿐이다. 이후에 그는 수백만 장 정도 팔릴 가능성이 없는 소프트웨어는 개발하지 않는다는 자신만만한 태도로 회사를 운영했다.

인기의 비밀

마이크로소프트는 알테어 컴퓨터용 프로그램을 개발하느라 정신이 없었다. 알테어 컴퓨터 같은 소형 컴퓨터에 사용할 수 있는 베이직 프로그램은 마이크로소프트의 최초 상품이었다. 빌 게이츠는 이 상품을 MITS에 팔았고, MITS는 그것을 일반 소비자에게 팔았다.

빌 게이츠에게 마이크로소프트의 베이직 프로그램을 사용해 보았다는 편지가 수백 통이나 도착했다. 나날이 늘어 가는 고객들의 편지를 받아 보면서 빌 게이츠는 풀리지 않는 의문에 부딪혔다. 프로그램을 써 보았다는 사람들은 수백 명에 달하는데, 프로그램은 2년이 넘도록 고작 40개밖에 팔려 나가지 않았던 것이다. 마이크로소프트는 여전히 가난했다.

'이게 어떻게 된 일일까? 우리 프로그램은 분명 인기를 얻고 있는데, 왜 우리는 여전히 가난한 거지?'

곧 빌 게이츠의 의문이 풀렸다. 사람들은 비싼 돈을 지불하지 않고도 프로그램을 얻을 수 있는 방법을 알아낸 것이었다. 그것은 프로그램 복사였다. 한 사람만 프로그램을 구입하더라도 복사를 통해 세상 모든 사람들이 그 프로그램을 가질 수 있었다. 그것도 공짜로 말이다. 당시 프로그램은 종이테이프에 구멍을 뚫은 형태로 제공되었기 때문에 복사는 식은 죽 먹기였다.

좀 더 완벽한 프로그램을 만들기 위해 프로그래머들을 고용하고, 휴식도 잊은 채 석 달이 넘는 시간을 꼬박 매달렸던 지난날을 떠올리며 빌 게이츠의 마음은 쓸쓸했다.

'이건 분명히 도둑질이야. 프로그램을 돈 주고 구입하지 않고 공짜로 사용하다니. 이건 해적들이나 하는 짓이야.'

빌 게이츠는 자신의 프로그램을 공짜로 얻은 사람들을 향해 선전 포고를 하기로 결심했다. 그것만이 마이크로소프트가 살아남을 수 있는 유일한 길이었다.

마이크로컴퓨터, 즉 소형 컴퓨터의 인기 속에서 많은 젊은이들은 스스로 컴퓨터를 만들었다. 기계와 컴퓨터에 관심이 있는 이들이라면 알테어 컴퓨터를 구입하지 않고도 적은 비용으로 자신의 컴퓨터를 가질 수 있었다. 하지만 소프트웨어가 문제였다. 컴퓨터를 갖게 된 이들은 빌 게이츠가 만든 소프트웨어에 대한 소문을 듣고 자신의 컴퓨터에 사용해 보고 싶어 했다. 하지만 750달러라는 어마어마한 가격 때문에 젊은이들은 소프트웨어를 구입할 수 없었다.

자연스럽게 프로그램이 복사되기 시작했다. 빌 게이츠 역시 아무런 죄책감도 없이 소프트웨어를 복사해서 사용하는 오래된 전통에 대해 잘 알고 있었다. 그때까지도 소프트웨어가 하나의 상품이라고 진지하게 생각된 적이 한 번도 없었고, 누구도 그렇게 주장하지 않았다. 빌 게이츠는 '소프트웨어는 컴퓨터라는 하드웨어에 공짜로 딸려 오는 서비스일 뿐'이라는 이 뿌리 깊은 고정 관념에 전면적으로 반기를 들 생각이었다.

"친애하는 컴퓨터 애호가들에게."

빌 게이츠는 펜에 힘을 주고 비장한 얼굴로 컴퓨터 사용자 모두를 향해 편지를 썼다.

그는 앞으로도 자신들의 고객이 될 사람들에게 한발 뒤로 물러나 부드러운 용어를 쓰거나 은유적인 표현을 쓰지 않기로 했다. 오히려 빌 게이츠는 복사된 소프트웨어를 쓰는 모든 사람들을 해적이라고 몰아세웠다.

빌 게이츠가 작성한 편지는 『컴퓨터 노트』라는 잡지에 실렸다. 편지 제목은 '컴퓨터 애호가들에게 보내는 공개서한'이었다.

저희 회사 베이직 프로그램을 사용한다고 말하는 수백 명의 사람들에게 받은 회신은 모두 긍정적인 것이었습니다. 그런데 두 가지 놀라운 사실이 드러났습니다.

첫째는 대부분의 베이직 사용자들이 돈을 주고 베이직을 구입하지 않았다는 것입니다. 베이직을 구입하기 위해 돈을 지불한 사람들은 베이직 사용자의 10퍼센트에 불과합니다.

그리고 두 번째, 현재 우리가 고객들에게 프로그램을 판매하여 받은 로열티의 총액을 알테어 베이직을 만드는 데 소요된 시간으로 계산해 보았더니, 시간당 2달러도 안 되는 임금으로 일한 결과가 나왔습니다.

왜 이런 일이 벌어졌을까요? 여러분 중 대다수가 소프트웨어를 훔쳤기 때문입니다. 여러분들이 하고 있는 짓은 좋은 소프트웨어의 발전을 가로막는 일입니다. 아무런 대가도 없이, 꼬박 한 해 동안 프로그램을 작성하고 버그를 찾아내면서 자신의 프로그램을 무료로 배포할 사람이 누가 있겠습니까?

빌 게이츠는 생활비조차 아껴 가며 폴 앨런과 함께 조심스레 품었던 작은 소망을 떠올리며 서글퍼졌다.

"폴, 언젠가는 말야……, 우리가 스무 명의 프로그래머들을 고용해서 일할 수 있겠지? 지금 만들고 있는 소프트웨어를 열심히 팔아서 더 좋은 사무실을 갖고, 스무 명의 프로그래머들과 정말 좋은 소프트웨어를 만들자. 그렇게 될 날이 오겠지?"

더 많은 프로그래머들을 고용해서 훌륭한 소프트웨어를 만드는 것이 빌 게이츠의 소망이었다. 그것은 소프트웨어를 많이 팔아야만 이룰 수 있는 일이었다. 하지만 지금의 현실은 그 모든 것을 짓밟고 있었다. 프로그래머들의 열정까지 시들어 가고 있었다.

　빌 게이츠는 컴퓨터 사용자이자 소프트웨어 개발자이기도 한 자신의 소망과 진심을 가득 담아, 편지의 마지막 문장을 힘 있게 써 내려갔다.

　제가 이 글을 여러분께 띄우는 이유는, 언젠가 열 명의 프로그래머

들을 고용해 더 좋은 소프트웨어를 만들어서 그것이 시장에 넘치기를
바라는 것 외에 다른 이유는 없습니다.

소프트웨어 전쟁

빌 게이츠의 공개서한은 예상대로 격려보다는 비난을 받았다.
많은 사람들이 빌 게이츠의 선전 포고에 크게 반발했다.

"버그투성이의 엉터리 프로그램을 시장에 내놓고도 돈을 받기
원하시나요?"

"진심으로 좋은 소프트웨어가 시장에 넘치기를 바라시나요? 제
가 보기엔 소프트웨어로 한몫 잡아 보려는 의도밖에 없는 것 같은
데요."

쏟아지는 비난 속에서도 빌 게이츠의 생각에는 변함이 없었다.

"소프트웨어는 상품이다!"

빌 게이츠의 당돌한 선언은 그동안 쉬쉬하며 소프트웨어를 공
짜로 사용했던 사람들에게는 위협적인 도전장임에 틀림없었다. 빌
게이츠는 '소프트웨어는 상품'이라고 공개적으로 발언한 최초의
인물이 되었다. 사람들은 '소프트웨어가 상품'이라는 새로운 주제
에 대해 비로소 진지하게 생각하기 시작했다.

빌 게이츠는 자신의 소프트웨어가 무단으로 복사되는 것을 막기
위해 좀 더 강력한 조치를 취하기로 했다. 그것은 빌 게이츠의 베이

직 프로그램 판매를 맡았던 컴퓨터 회사 MITS를 고소하는 것이었다.

다음 전쟁을 위해 빌 게이츠는 MITS와의 계약서를 꼼꼼히 살펴보았다. 알테어용 소프트웨어 프로그램이 복사되고 있는 상황에서 손을 놓고 있었던 MITS에도 책임이 있을 것이라는 생각에서였다. 빌 게이츠는 드디어 계약서상에서 혐의를 찾을 수가 있었다. 계약서에는 분명히 MITS는 베이직 프로그램을 판매하는 데 최선의 노력을 다하겠다는 조항이 적혀 있었다. 하지만 MITS는 최선의 노력은커녕 강 건너 불 보듯 하고 있었던 것이다.

빌 게이츠는 확신에 차서 소송을 제기했다. 소송을 통해 베이직 프로그램의 소유권을 다시 찾는 것이 목적이었다. 그렇게만 된다면 베이직 프로그램을 빌 게이츠가 직접 판매할 수 있기 때문이었다. 재판이 진행되는 동안 마이크로소프트는 파산 지경에 이르렀지만 포기하지 않았다. 그리고 곧 승리의 소식이 전해졌다. 빌 게이츠는 3000달러와 로열티를 받는 조건으로 MITS에 양도했던 베이직 프로그램 판매권을 다시 가져왔다.

빌 게이츠는 계약서의 힘을 이용해 위기로부터 벗어난 것이었다.

빌 게이츠에 맞서는 사람들

소프트웨어를 한 장이라도 더 팔기 위해 애끓는 편지를 썼던 빌 게이츠의 모습은 아득한 옛날이야기가 되고 말았다. 그러나 그 편지 한 장이 지금의 빌 게이츠를 만들었을지도 모른다. 그는 당시 몇백 명뿐이었던 고객이 언젠가는 전 세계 인구로 확대될 것을 알고 있었던 것일까? 빌 게이츠가 '소프트웨어는 상품'이라고 자신의 고객들을 향해 정면으로 대들지 않았어도 마이크로소프트가 이렇게 빠른 성공을 거둘 수 있었을까?

빌 게이츠는 소프트웨어 발전을 위해서라도 사람들 인식을 바꾸어 놓아야 한다고 주장했다.

그러나 빌 게이츠와 똑같은 주장을 하면서 정반대의 생각을 하는 사람들이 있었다. 그들은 소프트웨어 발전을 위해 모든 소프트웨어는 공짜로 제공되어야 하고 자유롭게 공유되어야 한다고 말했다. 그들의 대부분은 해커였다. 그리고 그중에서도 가장 유명한 사람은 해커들의 영웅으로 일컬어지는 리처드 스톨만이었다.

"만약 소프트웨어를 돈벌이 수단으로만 생각하는 사람이라면 자신의 소프트웨어를 절대 공짜로 공개하지 않을 겁니다. 그것은 소프트웨어의 발전을 가로막는 일입니다. 그리고 동시에 더 좋은 미래를 방해하는 일입니다."

리처드 스톨만, 해커들의 영웅이라고도 불리는 그는 천재 프로그래머이자 MIT 대학 교수이기도 하다. 그의 트레이드마크는 덥수룩한 수염과 불룩 나온 배다. 리처드 스톨만은 소프트웨어는 마치 물이나 공기처럼 사람들의 삶에 중요한 역할을 하기 때문에 그것이 상품이 되어서는 안 된다고 주장한다.

리처드 스톨만은 모든 소프트웨어가 무료로 공유되고 공개되어야 하는 이유에 대해 이렇게 설명했다.

"완벽한 소프트웨어, 그러니까 더 좋은 소프트웨어는 많은 사람들의 손을 거쳐 수정에 수정을 거듭하면서 탄생합니다. 만약에 소프트웨어의 소스, 그러니까 설계도를 공개한다면 전 세계 사람들이 인터넷을 통해 완벽한 소프트웨어를 만드는 작업에 참여할 수 있습니다. 그리고 이런 일은 실제 벌어지고 있습니다."

리처드 스톨만은 천재 프로그래머로서 완벽한 프로그램을 개발할 능력을 충분히 갖췄음에도 자신의 신념 때문에 어떤 소프트웨어도 상품화하지 않았다.

빌 게이츠와 리처드 스톨만. 좋은 소프트웨어를 향한 두 사람의 출발은 같았지만 실현 방법은 정반대 축에 서 있다. 사람들은 그 둘을 가리켜 한 사람은 천재 사업가로, 또 한 사람은 천재 프로그래머로 부른다.

빌 게이츠의 시대

"자, 모두들 환하게 웃으세요. 찍습니다."

찰칵. 카메라 앞에 열한 명의 열정적인 젊은이들이 사진 촬영용 미소를 짓고 서 있었다. 1979년 1월, 마이크로소프트 직원들이 모두 한자리에 모여 기념사진을 촬영하고 있었다. 마이크로소프트의 둥지였던 뉴멕시코 주 앨버커키에 남기는 마지막 모습이었다. 가장자리에 서 있는 마이크로소프트 사장 빌 게이츠 모습은 아직도 어려 보였다.

빌 게이츠는 열정적인 프로그래머들을 이끌고 새로운 곳에서 마이크로소프트를 이끌어 나갈 작정이었다.

'모든 가정과 학교의 책상 위에 컴퓨터를! 더 나아가 마이크로소

프트의 프로그램이 깔려 있는 컴퓨터를!'

아직 완성되지 않은 마이크로소프트의 꿈! 그것을 향한 질주는 뉴멕시코를 떠나 시애틀에서 계속될 것이었다.

멀고 먼 길

워싱턴 호수 건너편에 있는 시애틀 외곽 밸리뷰 시는 조용하고
한적했다. 밸리뷰는 빌 게이츠의 고향인 시애틀에서 동쪽으로 약
간 떨어진 곳에 위치한 신도시였다. 앨버커키를 떠난 빌 게이츠는
이곳 시애틀의 밸리뷰에 짐을 풀고 오랜만에 여유를 가졌다. 시애
틀은 어린 시절의 추억이 가득한, 그리고 자신에게는 너무나 익숙

한 고향이었다.

1975년, 빌 게이츠는 단돈 1000달러를 호주머니에 넣고 시애틀을 떠났다. 몇 명 안 되는 프로그래머들조차 편히 쉴 수 없을 정도로 비좁고 지저분했던 마이크로소프트의 첫 번째 둥지, 그곳과 비교하면 새로운 사무실은 운동장처럼 넓고 한산했다.

창밖으로 보이는 푸르고 울창한 나무가 사무실에 신선함을 더해 주고 있었다. 창밖을 감상하던 빌 게이츠는 최근 컴퓨터 업계에 돌풍을 일으키고 있는 한 젊은 사업가의 기사를 읽어 내려갔다. 그의 눈은 곧 질투와 열망으로 불타올랐다. 기사에는 몇 년 전 근사한 컴퓨터를 만들어 세상을 깜짝 놀라게 한 인물, 스티브 잡스에 관한 이야기가 실려 있었다.

스티브 잡스가 만든 컴퓨터는 '애플(Apple)'이란 이름을 달고 사람들의 인기를 끌었다. 애플 컴퓨터는 비로소 컴퓨터라고 불릴 만한 자격을 갖춘 개인용 컴퓨터였다. 빌 게이츠가 매달렸던 알테어 컴퓨터는 애플 컴퓨터의 비교 상대조차 되지 못했다. 애플 컴퓨터의 인기와 함께 소형 컴퓨터의 성장 속도는 눈부실 만큼 빨라졌다.

빌 게이츠는 현재 컴퓨터 시장의 강자로 우뚝 서 있는 애플과 여전히 보잘것없는 마이크로소프트를 비교해 볼 수밖에 없었다. 애플과 마이크로소프트는 비슷한 시기에 출발한 데다, 애플의 사장인 스티브 잡스는 빌 게이츠와 동갑이었다. 현실에서 스티브 잡스는 컴퓨터 시장의 주연, 그리고 빌 게이츠는 고작해야 엑스트라급 조연이었다.

마이크로소프트는 무수히 생겨나고 있는 작은 소프트웨어 회사 중 하나에 불과했다. 비록 최초로 탄생한 소형 컴퓨터인 알테어 컴퓨터를 위한 베이직 프로그램을 만들어 냈지만, 빠른 속도로 변화하는 컴퓨터 시장에서 그런 경력을 알아주는 이는 없었다.

애플 컴퓨터의 성공으로 많은 컴퓨터 회사들이 생겨났다. 2000개에 달하는 컴퓨터 회사들에게 소프트웨어를 판매하고 있는 회사는 마이크로소프트가 아니라 디지털 리서치(Digital Research)였다. 디지털 리서치는 소형 컴퓨터 붐에 발 맞춰 소형 컴퓨터를 작동하게 해 주는 CP/M이라는 운영 체제를 공급했다. 소형 컴퓨터를 위한 소프트웨어를 만들겠다는 생각에서 탄생한 마이크로소프트는 그 이름이 무색할 정도였다.

빌 게이츠는 어떻게 해서라도 소형 컴퓨터 시장에 진입해야만 했다. 빌 게이츠는 마이크로소프트의 소프트웨어를 살 가능성이 있는 컴퓨터 회사를 하나하나 떠올려 보았다.

'IBM, 아직 IBM이 남아 있어.'

그러나 IBM은 소형 컴퓨터가 아닌 대형 컴퓨터를 생산하고 있었다. IBM이 소형 컴퓨터 생산에 뛰어들지 않는다면 빌 게이츠의 바람은 물거품이 되고 말 것이었다.

검은 양복을 말쑥하게 빼입은 신사들이 번쩍이는 자동차에 올라타고 있었다. 그들이 막 빠져나온 건물은 미국 컴퓨터 하드웨어 시장의 선두 주자인 IBM 사였다. IBM은 파란 로고와 막강한 힘으로 '빅 블루(Big Blue)'라고 불렸다.

IBM은 오랫동안 대형 컴퓨터만을 생산해 왔고, 그것만으로도 막대한 수입을 올리고 있었기 때문에 소형 컴퓨터 따위에는 관심이 없었다. 하지만 애플 컴퓨터로부터 시작된 시장의 변화를 모른 척할 수도 없었다. IBM은 소형 컴퓨터를 개발해서 새로운 시장을 개척해야 할 때임을 직감했다. 빅 블루가 움직이기 시작한 것이었다.

IBM 간부들은 자신들의 회사에서 개발할 개인용 컴퓨터의 운영 체제를 개발해 줄 소프트웨어 회사로 향했다. 그들이 향하고 있는 곳은 빌 게이츠가 있는 시애틀의 밸리뷰가 아닌, 캘리포니아의 몬트레이였다. 이미 소형 컴퓨터를 위한 운영 체제를 가지고 있는 디지털 리서치와 계약을 하기 위해서였다.

캘리포니아 몬트레이의 디지털 리서치 건물 앞에서 중후한 IBM 간부들이 내렸다. 그들은 사장실을 올려다보았다.

IBM 간부들의 발걸음이 디지털 리서치로 향했다는 것을 알게 된 빌 게이츠는 만약을 대비해 치밀한 전략을 짜고 있었다.

'만약……, 만약에 나에게 기회가 주어진다면!'

빌 게이츠는 단 한 번의 기회로 마이크로소프트를 선두 자리로 올려놓을 수 있는 전략을 가지고 있었다. 빌 게이츠는 초조하게 시간이 흘러가는 것을 지켜보았다. 모든 것은 디지털 리서치 사장 게리 킬달에게 달려 있었다.

IBM 간부들이 디지털 리서치 사장실에 도착했을 때 사장인 게리 킬달의 모습은 보이지 않았다. 그들을 맞이한 사람은 사장의 비서였다.

"죄송합니다. 사장님은 지금 출장 중이십니다."

"출장이라니!"

IBM 간부들은 중요한 계약을 앞두고 출장을 떠난 게리 킬달의 행동을 이해할 수 없었다. 하지만 게리 킬달은 일부러 약속을 어긴 것이었다. 그는 거대 기업인 IBM을 상대로 자신의 회사에게 유리한 계약을 해낼 자신이 없었다.

"제가 사장님을 대신해 계약 내용에 관해서 의논하겠습니다."

게리 킬달의 부인이 나섰다. IBM 간부들은 그녀와 함께 앞으로 맺게 될 계약 내용을 논의했다. 하지만 아무런 결실을 맺지 못한 채 헤어지고 말았다. IBM 간부들이 떠나고 난 후 협상에 나섰던 킬달 부인은 안도의 한숨을 내쉬었다.

"계약하지 않길 잘했어. 예상했던 대로 계약 내용이 우리에게 너무 불리해."

"우리가 할 수 있습니다"

난감해진 IBM은 새로운 회사를 찾아야만 했다. 수많은 소프트웨어 회사 중 자신들과 몇 번 함께 일해 본 경험이 있는 마이크로소프트를 떠올렸다.

'마이크로소프트라. 그래, 차라리 이름이 알려져 있지 않은 작은 회사가 나을지 모르지.'

스물다섯 살의 빌 게이츠는 마이크로소프트 대표로서 세계 최대 컴퓨터 회사 사람들을 맞을 준비를 하고 있었다. 잠시 후 사무실에는 마이크로소프트의 분위기와는 전혀 어울리지 않는 근엄한 사내들이 도착했다. 빌 게이츠는 흥분을 감추며 그들에게 다가갔다. IBM에서 온 사람들은 자신들 앞으로 다가온 청년, 그러니까 마이크로소프트 사장인 빌 게이츠에게 물었다.

"사장실이 어디입니까?"

순간 장난기가 발동한 빌은 제법 정중한 목소리로 대답했다.

"저를 따라오십시오. 사장님께 안내해 드리겠습니다."

IBM 간부들은 자신을 안내하는 청년이 마이크로소프트 사장이라는 것을 짐작조차 하지 못했다. 깔끔한 양복은커녕 꾸깃꾸깃한 면바지에 광택 없는 구두를 신고 머리를 긁적이고 있는 사람을 어떻게 한 회사의 사장으로 생각할 수 있겠는가!

사장실 문을 열고 손님들을 들여보낸 후, 빌 게이츠는 곧 자신의 책상에 가 앉았다. 사장 자리에 떡하니 앉는 청년을 보며 IBM 간부들은 어리둥절한 표정을 지었다. 빌 게이츠는 재미있다는 듯 자신의 정체를 밝혔다.

"제가 마이크로소프트 사장 빌 게이츠입니다."

IBM 간부들은 자신들을 안내한 청년이 이 회사 사장이라는 사

실에 놀랐다. 긴장감이 흘렀던 사무실은 빌 게이츠의 장난기 어린 행동 덕분에 화기애애한 분위기가 되었다.

"새로 만들게 될 개인용 컴퓨터를 위해 여러 가지 프로그램을 개발해 줄 수 있겠습니까?"

빌 게이츠는 흔쾌히 받아들였다. 그리고 다음 순간을 기다렸다. 그가 노리고 있는 것은 단 하나, 컴퓨터 실행에 없어서는 안 될 가장 기본적인 프로그램인 운영 체제였다.

침묵이 흐르고, IBM 측은 드디어 빌 게이츠가 원하던 질문을 꺼내 놓았다.

"운영 체제도 개발할 수 있겠습니까?"

빌 게이츠는 회심의 미소를 지었다. 그리고 자신만만한 목소리로 대답했다.

"우리가 할 수 있습니다. 우리 마이크로소프트가 IBM의 소형 컴퓨터를 위해 운영 체제를 만들겠습니다."

빌 게이츠만의 무기

IBM을 위해 운영 체제를 만들기로 약속한 빌 게이츠는 진짜 싸움은 이제부터라고 생각했다. 마이크로소프트는 아직 한 번도 소형 컴퓨터의 운영 체제를 만들어 본 경험이 없었다. 새로운 운영 체제를 만들 만큼의 막강한 능력도 돈도 시간도 없었다. 드디어 빌 게이츠는 자신의 전략을 하나하나 펼칠 때가 왔음을 깨달았다. 비록 운영 체제를 만들 능력은 없어도 빌 게이츠에게는 남다른 사업 감각이 있었다. 그것이 빌 게이츠의 강력한 무기였다.

그동안 빌 게이츠와 함께 컴퓨터 시장에 진입할 기회를 고심했던 폴 앨런은 어떤 컴퓨터 회사가 무엇을 만들고 있는지 샅샅이 조사해 오고 있었다. 빌 게이츠는 폴 앨런과 함께 작전을 짰다.

"폴, 시애틀에 있는 컴퓨터 회사가 소형 컴퓨터를 만들고 있다고 했지?"

시애틀 컴퓨터 회사는 유행하고 있는 소형 컴퓨터를 만들어 판매하고 있는 작은 회사였는데, 그들은 컴퓨터를 만들면서 동시에 운영 체제도 만들고 있었다. 그것이 빌 게이츠가 원하는 것이었다.

"그들이 운영 체제를 가지고 있지? 꽤 괜찮다고 들었는데."

폴은 그동안 수집한 정보 내용을 빌 게이츠에게 들려주었다.

"시애틀 컴퓨터 회사 프로그래머가 디지털 리서치의 운영 체제를 본떠서 Q-DOS(Quick and Dirty OS; 신속한 운영 체제라는 뜻)라는 운영 체제를 만들었지."

디지털 리서치의 운영 체제를 본뜬 프로그램. 그것은 IBM 간부들이 마이크로소프트에 오기 전에 디지털 리서치로부터 얻으려 했던 바로 그것이었다. 빌 게이츠는 회심의 미소를 지었다.

"됐다. 모든 게 끝났어. 이제 절반은 성공한 거라고. 폴! 당장 시애틀 컴퓨터 회사로 가자."

시애틀 컴퓨터 회사 사람들은 빌 게이츠와 폴 앨런을 반갑게 맞이했다. 빌 게이츠가 협상을 시작했다.

"이 회사에서 개발한 Q-DOS를 저희한테 파시는 게 어떻겠습니까? 대가로 5만 달러를 지불하겠습니다."

앞으로 소형 컴퓨터 생산에만 주력할 생각이었던 시애틀 컴퓨터 회사 측에선 빌 게이츠의 제안을 대환영했다. 그들 역시 다른 회사들이 그런 것처럼 소프트웨어보다는 하드웨어가 돈이 된다고 생각했던 것이다.

단돈 5만 달러로 Q-DOS를 손에 넣은 빌 게이츠는 그것을 IBM 컴퓨터에 맞게 고쳐 나갔다. 그 작업은 새로운 운영 체제를 개발하는 일에 비하면 그야말로 누워서 떡 먹기였다.

수정 작업이 끝나고 빌 게이츠는 운영 체제에 새로운 이름을 붙였다. 마이크로소프트의 이니셜이 들어간 MS-DOS(Microsoft Disk Operating System), 그것이 Q-DOS의 새로운 이름이었다.

빌 게이츠는 다음 단계의 전략을 구상했다.

'어떻게 5만 달러를 주고 구입한 Q-DOS로 세계 컴퓨터 시장을 정복할 것인가? 어떻게 이 하나의 운영 체제로 우리가 엄청난 돈을 벌어들일 것인가?'

그 모든 해답은 IBM에게 자신의 운영 체제를 어떻게 파는가에 달려 있었다. IBM과의 본격적인 계약을 앞두고 빌 게이츠는 자신에게 다가온 흥미진진한 도전을 받아들였다.

빌 게이츠는 자신이 계약을 통해 얻어야 하는 것은 단 하나, MS-DOS의 '소유권'뿐이라는 결론을 내렸다. 소유권을 넘겨주지 않는다면 IBM뿐만 아니라 다른 컴퓨터 회사들에게도 MS-DOS를 팔 수 있을 것이다. 빌 게이츠가 노린 것은 바로 그것이었다.

IBM에 MS-DOS를 얼마나 비싸게 팔 것인가는 빌 게이츠의 관심사가 아니었다. 공짜라도 상관없었다. MS-DOS의 소유권만 지킬 수 있다면 승리는 자신의 것이라고 확신했다.

세기의 협상

IBM과의 계약을 위해 마이애미로 날아온 빌 게이츠는 점잖게 양복을 차려 입고 있었다. 하지만 양복이 너무 커서 빌 게이츠를 더 우스꽝스럽게 보이게 했다.

작은 소프트웨어 회사의 스물다섯 살 사장 빌 게이츠. 그 앞에 컴퓨터 시장의 제1인자인 IBM의 간부들이 한 치의 여유도 없는 표정으로 앉아 있었다. 그들은 계약서의 단어 하나만으로도 상대를 마음대로 요리할 수 있는 능력을 갖춘 존재들이었다. 하지만 계약과 협상에 관해서라면 자신도 결코 뒤지지 않는다고 빌 게이츠는 자신했다. 계약서를 사이에 둔 채 계속되는 팽팽한 긴장 속에서 빌 게이츠가 먼저 입을 열었다.

"만약에 저희가 IBM 외에 다른 컴퓨터 회사에도 MS-DOS를 팔 수 있게 허락해 준다면, IBM을 위해 다른 소프트웨어와 새로운 운영 체제도 개발하겠습니다. 그리고 MS-DOS에 대한 로열티도 포기하겠습니다. 마음대로 사용하시고 저희에게는 한 푼도 안 주셔도 됩니다."

전혀 예상치 못한 빌 게이츠의 제안에 IBM 간부들은 어리둥절할 뿐이었다. 빌 게이츠는 작전대로 MS-DOS의 소유권을 위해 모든 것을 포기하기로 한 것이었다. 자신의 목표를 위해 상대방이 꼼짝 못할 계약 조건을 내세운 것이었다.

IBM 측에서는 곧 빌 게이츠의 생각을 읽고는 끌끌 혀를 찼다.

'쯧쯧, 개인용 컴퓨터는 한때 유행일 뿐인데, 저 친구 뭔가 단단히 착각하고 있군. 기껏해야 200만 대쯤 팔리고 세상에서 사라질 텐데.'

IBM은 소형 컴퓨터의 인기가 곧 시들 것이라고 생각했다. 하지만 빌 게이츠의 생각은 전혀 달랐다. IBM이 소형 컴퓨터를 개발하면, 그것은 컴퓨터 시장에 폭발적인 변화를 가져오리라고 생각했다. 세상의 모든 사람들이 컴퓨터를 소유하게 되는 그런 날이 올지도 모른다. 그렇게 된다면 빌 게이츠는 MS-DOS를 전 세계에 판매하게 될 것이었다.

IBM은 운영 체제를 공짜나 다름없이 내놓겠다는 마이크로소프트의 제안을 받아들였다. 그리고 마이크로소프트는 MS-DOS의 소유권을 가졌다.

훗날 IBM의 간부는 그날 보았던 빌 게이츠의 계약 실력에 혀를 내둘렀다. 빌 게이츠는 겨우 서른두 명의 직원을 거느린 스물다섯 살 젊디젊은 사장이었지만 컴퓨터 시장의 최고 강자인 IBM을 자신의 의도대로 움직인 것이었다.

"그 젊은이는 나이에 맞지 않게 굉장히 현명했습니다. 그는 뱃속부터 타고난 사업가였습니다. 어떻게 하면 자신의 회사가 IBM과의 관계에서 최대 이익을 거둘 수 있을지 협상하는 데 있어서 천부적인 재능을 가지고 있는 것 같았습니다."

1981년 8월 22일, IBM은 최초로 퍼스널 컴퓨터(Personal Computer; 개인용 컴퓨터)라고 이름 붙인 IBM PC를 발표했다. 비록 빌 게이츠는 IBM의 발표회장에 초대조차 받지 못했지만, MS-DOS가 설치된 채 세상에 나오는 IBM PC의 탄생을 자랑스럽게 지켜보았다.

빌 게이츠는 자신을 멍청이라고 생각했던 IBM 사람들을 떠올리며 회심의 미소를 지었다.

'200만 대라고요? 두고 보십시오. 당신들이 우습게 본 이 PC가 어떤 마력을 발휘하는지. 전 세계 컴퓨터 회사들이 마이크로소프

트를 찾아올 날이 머지않았습니다.'

컴퓨터 혁명의 최종 승자

과연 IBM PC는 IBM의 예상대로 200만 대밖에 팔리지 않았을까? IBM의 예측은 보기 좋게 빗나갔다. 그리고 빌 게이츠의 생각은 적중했다. 전 세계 컴퓨터 회사들은 IBM PC를 본뜬 컴퓨터를 만들어 내기 시작했다.

IBM PC와 그것을 그대로 본뜬 컴퓨터는 결과적으로 1억 대도 넘게 팔려 나갔고, 그해 『타임』에서 '올해의 인물'로 사람 대신 컴퓨터를 선정할 정도로 인기를 끌었다. 전 세계적으로 휘몰아친 PC의 인기, 그것은 '컴퓨터 혁명'이라고 부를 만했다.

이 '컴퓨터 혁명'의 최종 승자는 빌 게이츠였다.

세계 각지의 컴퓨터 회사에서 빌 게이츠의 사무실을 방문했다. IBM PC와 경쟁하기 위해선 MS-DOS를 설치해야 했기 때문이다. 빌 게이츠는 그들에게 MS-DOS의 사용 권리를 인정해 주고 로열티를 받았다. IBM의 경쟁사가 많아지면 많아질수록 마이크로소프트의 빌 게이츠는 돈을 벌었다. 결국 당시 세상에 나온 대부분의 컴퓨터에 MS-DOS를 팔 수 있었다. 빌 게이츠는 직원들에게 말했다.

"전 세계 모든 컴퓨터에 MS-DOS를 깝시다."

시애틀의 작은 소프트웨어 회사, 컴퓨터 강자들의 틈바구니에서 간신히 버티고 있던 마이크로소프트는 순식간에 컴퓨터 업계에서 가장 중요한 존재로 자리 잡았다. MS-DOS는 1억 2000만 개가 넘게 팔려 나갔다. 소프트웨어 한 장으로 하드웨어 회사를 이길 수 있을 거라고 상상했던 사람은 빌 게이츠뿐이었다. 5만 달러에 사들인 Q-DOS로 세계를 정복할 수 있는 사람도 빌 게이츠뿐이었다.

1980년대, 전 세계 모든 컴퓨터 회사가 빌 게이츠의 MS-DOS를 사려고 발버둥을 쳤다. 하지만 한 사람만은 예외였다. 바로 개인용 컴퓨터 시장의 막을 올렸던 애플 컴퓨터의 스티브 잡스였다. 애플 컴퓨터는 IBM 컴퓨터와는 내부 설계가 완전히 달랐기 때문에 IBM PC용 운영 체제인 MS-DOS가 필요 없었다.

스티브 잡스는 MS-DOS의 성공을 지켜보면서 그와 경쟁할 만한 새로운 운영 체제 개발에 나섰다. 그는 일반인이 MS-DOS를 사용하기가 얼마나 복잡하고 불편한지 알고 있었다. 스티브 잡스는 세상을 발칵 뒤집어 놓을 멋진 운영 체제에 대한 아이디어를 떠올리고 승리의 미소를 지었다.

'글자 대신 그림만으로 컴퓨터를 사용할 수 있게 하자. 키보드로 일일이 명령어를 입력하는 대신 클릭 한 번으로 컴퓨터에 명령을 내릴 수 있는, 그런 운영 체제가 필요해. 기다려라, 빌 게이츠. MS-DOS는 이제 세상에서 모습을 감춰야 할 거다.'

4장

빌 게이츠의 두 얼굴

스티브 잡스 vs 빌 게이츠

2003년 1월, 미국의 한 인터넷 경매 사이트는 유명 인사들의 '서명' 경매로 뜨거웠다. 경매가 붙은 서명 중에는 세계 최고 부자이자 소프트웨어 황제인 빌 게이츠 것도 있었다. 그리고 미국 초대 대통령인 조지 워싱턴의 서명도 경매에 붙여졌다.

많은 사람들이 자신이 존경하는 인물의 서명을 갖기 위해 경매에 참여했다. 빌 게이츠 팬에게도 놓칠 수 없는 기회였다. 비록 왼손으로 멋없이 휘갈긴 사인이 그다지 아름답지는 않았지만 그것은 상관할 바가 아니었다. 그러나 경매가 진행되면서 예상치 못한 일이 벌어졌다. 이 경매에서 최고의 인기를 끈 서명은 미국의 초대 대통령 조지 워싱턴의 것도 아니고, 컴퓨터 업계 세계 1인자인 빌 게이츠의 서명도 아니었다. 빌 게이츠의 서명이 고작 25달러를 기록하고 있던 그때, 무려 800달러까지 가격이 치솟은 서명의 주인공이 있었다. 바로 세상이 인정하는 또 다른 천재 스티브 잡스였다.

스티브 잡스, 그는 오랫동안 빌 게이츠에게 위협적인 경쟁자였다.

700달러의 사나이, 스티브 잡스

1955년은 미국에서 두 명의 컴퓨터 천재가 태어난 해다. 시애틀에선 빌 게이츠가 태어났고, 캘리포니아에선 스티브 잡스가 태어났다.

빌 게이츠가 상류층의 아들로서 아무 부족함 없는 유년 시절을 보내고 있을 때, 태어나자마자 부모의 버림을 받은 스티브 잡스는 상류층과는 거리가 먼 양부모 밑에서 자랐다. 시애틀과 캘리포니아에서 너무나 다른 삶을 살아온 두 사람이 마주칠 가능성은 전혀 없어 보였다. 하지만 두 사람의 만남은 이미 예정된 운명이었다. 빌 게이츠와 스티브 잡스는 모두 컴퓨터에 미친 아이들이었기 때문이다.

1975년, 스무 살의 빌 게이츠가 마이크로소프트를 만들고 컴퓨터 소프트웨어 시장에 뛰어든 1년 후, 스티브 잡스도 자신의 컴퓨터 사업을 시작했다. 스티브 잡스가 사업을 시작한 곳은 자신의 집 차고였다. 자동차를 팔아 마련한 단돈 700달러가 사업 자금의 전부였다. 그 돈으로 스티브 잡스는 자신의 동료이자 천재 프로그래머인 스티브 워즈니악과 함께 컴퓨터 부품을 마련했다. 스티브 잡스는 빌 게이츠만큼이나 사업에 열정이 있는 사람이었다. 그는 스티브 워즈니악에게 말했다.

"우리는 곧 망할지도 모르지. 그렇지만 단 한 번만이라도 우리의 회사를 가져 보자고!"

스티브 잡스와 스티브 워즈니악은 차고에서 초라하게 시작한 회사에 '애플'이라는 상큼한 이름을 붙였다. 하지만 사업은 순조롭지 않았다. 1976년에 스티브 잡스가 컴퓨터 시장에 내놓은 애플I은 겨우 200대밖에 팔리지 않았다. 하지만 1년 뒤인 1977년에 두 번째로 내놓은 애플II는 단번에 사람들을 사로잡았다.

애플II는 작고 세련된 모양이었다. 게다가 재미있는 게임까지 즐길 수 있는, 그야말로 세상에 나온 적이 없는 컴퓨터였다. 스티브 잡스는 애플II로 엄청난 수입을 올리며 개인용 컴퓨터 시장에 불을 붙였다. 그러나 재미있게도 애플 컴퓨터로 시작된 컴퓨터 혁명의 기운은 IBM을 움직이게 했고, 결국 행운은 MS-DOS를 가진 빌 게이츠에게 돌아갔다.

윈도즈의 원조

MS-DOS의 성공을 지켜보고 있던 스티브 잡스는 다시 한 번 애플이 컴퓨터 업계를 평정할 수 있는 길을 마련해야 했다. MS-DOS

가 전 세계를 휩쓸던 1984년, 스티브 잡스는 빌 게이츠에게 제동을 걸었다. '매킨토시'라는 이름의 컴퓨터가 사람들을 전율시켰다. 세상을 놀라게 한 것은 매킨토시의 운영 체제였다.

컴퓨터 모니터에서 어려운 컴퓨터 명령어가 사라지고 대신에 재미있는 그림판이 등장했다. 사용자들은 그림만 '클릭'하면 간단하게 컴퓨터의 다양한 기능을 이용할 수 있게 되었다. 이러한 운영 체제는 GUI(Graphical User Interface; 그래픽 사용자 인터페이스)라고 불렸는데, 바로 우리에게 익숙한 운영 체제인 윈도즈(Windows)의 기본 원리다.

"스티브 잡스가 세계를 변화시킨다!"

사람들은 획기적인 발상 전환으로 사용하기 쉬운 운영 체제를 내놓은 스티브 잡스를 추켜세웠다. 하지만 매킨토시를 구입하기 위해 지갑을 열지는 않았다. 이미 대다수의 사람들이 MS-DOS가 설치되어 있는 IBM 계열의 컴퓨터를 구입해서 사용하고 있었기 때문이다.

사람들이 편리한 운영 체제를 사용하기 위해 매킨토시를 장만할 거라던 스티브 잡스의 예상은 보기 좋게 빗나갔다. 매킨토시는 IBM 계열의 컴퓨터와 비교하면 훨씬 비쌌다. 또한 사람들은 스티브 잡스의 생각처럼 편리하고 쉬운 컴퓨터를 사용하고 싶어 하는 열망이 크지 않았다. MS-DOS만으로도 충분히 만족하고 있었던 것이다.

빌 게이츠는 스티브 잡스보다 한 수 위임에 틀림없었다. GUI의 탄생을 놀라워하며 지켜본 빌 게이츠는 이 훌륭한 작품을 상품화할 수 있는 간단한 방법을 알고 있었다. 그것은 때를 기다리는 것이었다. 사람들이 좀 더 빠른 컴퓨터를 원하게 될 때, 또 사람들이 MS-DOS가 아닌 새로운 운영 체제를 스스로 요구하기 시작할 때 상품으로 내놓는 것이었다.

'스티브 잡스는 너무 빨랐어. 너무 성급하게 자신의 재능을 떠벌린 거야.'

빌 게이츠는 GUI의 아이디어를 본떠 IBM용 컴퓨터에 맞게 새로운 운영 체제를 개발하기 시작했다. 윈도즈의 탄생이었다.

1985년, 윈도즈 1.0의 발표를 앞둔 빌 게이츠는 스티브 잡스와의 대결을 피할 수 없었다. 스티브 잡스는 분노가 가득한 목소리로 빌 게이츠를 몰아세웠다.

"당신은 내 아이디어를 훔쳤어!"

파랗게 불꽃이 이는 스티브 잡스의 눈을 노려보던 빌 게이츠는 짧고 단호하게 맞받아쳤다.

"당신도 그랬잖아!"

스티브 잡스는 할 말을 잃고 말았다. 빌 게이츠의 말이 맞았다. GUI는 스티브 잡스의 순수 창작물이 아니었다. 그것은 오래 전 제록스의 팔로알토 연구소에서 개발된 아이디어였던 것이다. 단지 스티브 잡스가 좀 더 빨리 그 아이디어를 상품화했을 뿐이다.

결국 승자는 컴퓨터 시장에서 소비자가 결정하는 것이라고 빌 게이츠는 생각했다. 아무리 멋진 컴퓨터라도, 아무리 한발 앞선 운영 체제라도, 소비자가 선택하지 않으면 아무 소용이 없기 때문이었다.

윈도즈 1.0의 발표가 있던 날, 빌 게이츠는 예상대로 사람들의 비난을 받아야만 했다.

"매킨토시의 아이디어를 그대로 훔쳤잖아."

매킨토시와 비교해 형편없는 그래픽에 속도도 느린 윈도즈는 시장에서도 참패했다.

사람들은 여전히 MS-DOS를 좋아했다. 하지만 빌 게이츠는 언젠가 사람들이 윈도즈를 원하는 날이 올 것이라고 생각했다.

'언젠가는 좀 더 성능이 좋은 컴퓨터, 온 가족이 사용할 수 있을 만큼 쉬운 컴퓨터를 원하는 때가 올 것이다. 그때 사람들은 MS-DOS보다 간단하고 쉬운 운영 체제를 원할 것이다.'

그때를 위해 더욱 세련된 윈도즈를 꾸준히 개발하는 것이 빌 게이츠가 해야 할 일이었다.

1986년, IBM 계열의 컴퓨터에 밀려난 스티브 잡스는 자신이 설립한 애플에서조차 밀려나고 말았다. 하지만 세상에서 가장 쉽고 편리한 컴퓨터를 만들고 싶었던 스티브 잡스의 꿈은 꺾이지 않았다.

그는 '넥스트(NeXT)'라는 회사를 만들어 아직도 걸작으로 인정받고 있는 넥스트 컴퓨터를 시장에 내놓았다. 넥스트 컴퓨터는 1980년대에 이미 음성 메일과 비디오 편집까지 가능하게 한 꿈의 컴퓨터였지만, 엄청난 가격과 시대를 앞선 기능 때문에 얼마 못 가 세상에서 사라졌다.

그러나 수많은 실패 속에서도 스티브 잡스는 자신의 획기적인 아이디어를 끊임없이 세상에 내놓았다. 게다가 그의 꿈은 컴퓨터 분야에만 머무르지도 않았다. 이제 사람들은 애니메이션, 음악, 휴대전화 속에 살아 꿈틀거리는 스티브 잡스의 멋진 상상력을 마음껏 즐기고 있다.

어떤 비난도 상관없다

1986년, 빌 게이츠는 비로소 자신의 성공을 실감하고 있었다. 온통 스티브 잡스로 도배되었던 경제 잡지에서 스티브 잡스의 얼굴이 사라지고 그 자리를 빌 게이츠가 대신했다.

나이 서른한 살에 빌 게이츠는 최연소 억만장자의 자리에 오르게 되었다. 이 모든 것을 이루게 해 준 것은 5만 달러에 사들인 Q-DOS였다.

이제 컴퓨터 시장은 빌 게이츠의 마이크로소프트에 의해 좌지우

지되고 있었다. 만약 빌 게이츠가 컴퓨터 회사에 MS-DOS의 사용권을 주지 않는다면, 그 컴퓨터 회사는 살아남을 수 없었다. 운영 체제가 없는 컴퓨터는 아무 쓸모가 없기 때문이었다. 게다가 수많은 응용 소프트웨어들, 그러니까 각종 게임과 교육용·업무용 소프트웨어들이 MS-DOS에서 실행되도록 만들어져 출시되었다.

1990년 5월, 이미 억만장자가 된 빌 게이츠가 또다시 도전의 무대에 섰다.

장소는 맨해튼 시립 중앙극장이었다. 그는 다시 한 번 세상의 주인공이 되려 하고 있었다. 여전히 다듬지 않은 머리에 잔뜩 신경이 곤두선 표정으로 성공을 빌고 있는 빌 게이츠. 세상의 비웃음 속에서 사라진 윈도즈 1.0 대신 빌 게이츠는 윈도즈 3.0을 가지고 다시 한 번 시험대에 섰다. 맨해튼 시립 중앙극장은 온통 '변화를 목격하라'는 포스터로 도배되어 있었다.

그는 이제 MS-DOS가 아닌 새로운 운영 체제를 사람들에게 선보여야 한다고 생각했다. 그것이 사람들의 욕구라고 믿었다. 그리고 성공을 확신했다.

"신사 숙녀 여러분, 빌 게이츠입니다!"

더벅머리 스무 살 사장에서 서른다섯 살 억만장자로 변신해 양복을 말쑥하게 차려입은 빌 게이츠가 모습을 나타냈다. 빌 게이츠는 윈도즈로 얼마나 재미있게 컴퓨터를 사용할 수 있는지 사람들

앞에서 직접 시범을 보였다. 그리고 이제 사람들이 컴퓨터를 더 친숙하게 대할 수 있을 것이라고 확신에 찬 목소리로 말했다. 그때 어디선가 또다시 낯익은 비난이 들려왔다.

"뭔가 했더니 또 매킨토시를 베낀 거잖아."

그런 비난은 빌 게이츠에게 아무런 상처도 되지 않았다. 그는 윈도즈 3.0의 장점을 사람들에게 납득시키기 위해 온 힘을 쏟았다.

빌 게이츠는 그날 행사의 마지막 순서로 이 윈도즈 개발을 위해 밤낮없이 일에 매달린 마이크로소프트의 프로그래머들을 무대 위로 불러냈다.

그들은 스무 살 무렵 빌 게이츠의 모습과 같아 보였다. 바보인지 천재인지 모를 표정, 헝클어진 머리에 청바지와 티셔츠 차림. 그들이 세상의 컴퓨터를 움직이는 진짜 주인공들이었다.

시연회가 끝나고 빌 게이츠는 사람들의 평가를 초조하게 기다렸다. 평가란 다름 아닌 얼마만큼 팔리느냐를 의미했다. 과연 빌 게이츠의 판단대로 이제 사람들은 좀 더 쉽고 빠른 컴퓨터를 원하게 되었을까?

결과는 대성공이었다. 불과 5년 전만 해도 누구 하나 원하지 않던 윈도즈를 대다수의 사람들이 간절히 원하게 된 것이었다. 때를 기다려 온 빌 게이츠의 사업 감각이 빛을 발했다. 그는 사람들이 컴퓨터에 익숙해지고 새로운 것을 원할 때까지 자신의 무기를 꺼내

들지 않았다. 그리고 언제 무기를 꺼내야 하는지 정확하게 알았던 것이다.

윈도즈 시연회가 있던 다음 날부터 사람들은 윈도즈를 사기 위해 길게 줄을 섰다. 윈도즈에 대한 관심은 폭발적이었다. 윈도즈는 발매 4개월 만에 100만 개가 팔리는 최고 인기 프로그램이 되었다. 소프트웨어 회사들은 발 빠르게 윈도즈 3.0에 맞는 응용프로그램 제작에 뛰어들었다. 사람들은 컴퓨터에서 MS-DOS를 삭제하고 윈도즈 3.0을 깔았다. 이로써 세상의 컴퓨터는 또 한 번 변화를 맞이하게 되었다. 시작은 스티브 잡스가 했지만, 승리는 빌 게이츠의 것이었다.

스티브 잡스 추적하기

스티브 잡스는 아름다운 컴퓨터를 추구하는 사람임과 동시에 빌 게이츠 못지않게 직원들에게 폭언을 퍼붓는 사람으로 유명하다. 빌 게이츠와의 경쟁에서 지긴 했지만 아직도 많은 사람들은 스티브 잡스를 빌 게이츠보다 훨씬 매력적인 인물로 평가한다.

1955년　캘리포니아 로스 알토 출생.

1974년　아타리의 비디오 게임 디자이너로 취직.

1976년　천재 엔지니어 스티브 워즈니악과 애플 사를 창립하고 애플I 출시.

1977년　애플II 출시. 1993년까지 총 500만 대 판매.

1984년　매킨토시를 출시했으나 흥행에 실패.

1986년　애플 퇴사 후 넥스트 컴퓨터 설립. 세상에서 가장 멋진 컴퓨터를 만들기로 결심.

1986년　애니메이션 회사 '픽사(Pixar)'의 사장이 됨.

1995년　픽사에서 〈토이 스토리〉 출시.

1997년　애플 컴퓨터에 복귀.

1998년　아이맥 출시하여 첫 주에 25만 대가 넘게 팔리는 기록을 남김.

2001년　아이팟 출시.

2003년   아이튠즈 뮤직 스토어 사이트 개장.
2007년   아이폰 출시하여 2010년까지 전 세계적으로 9000만
        대 이상 판매. 픽사와 디즈니를 합병하고 디즈니의 최
        대 주주가 됨.
2010년   아이패드 출시하여 태블릿 시장의 혁명을 일으킴.
2011년   암으로 사망.

마이크로소프트, 그 속으로

남들은 몰랐던 소프트웨어 한 장의 위력. 그 힘을 알았던 빌 게이츠는 전 세계에 승리의 깃발을 꽂아 나갔다. 컴퓨터가 한 대 팔릴 때마다 컴퓨터 회사는 빌 게이츠에게 윈도즈에 대한 비용을 지불했고, 응용 소프트웨어 회사들도 그 대가를 지불했다. 마이크로소프트의 운영 체제인 윈도즈가 사람들의 컴퓨터에 깔리는 한 승리의 행진은 계속될 것이다.

1986년, 빌 게이츠가 MS-DOS로 억만장자 대열에 동참하면서 마이크로소프트는 다시 한 번 새로운 곳에 둥지를 틀었다. 직원은 1200명으로 불어나 있었다. 마이크로소프트는 워싱턴의 레이먼드에 새로운 건물을 짓고, 마이크로소프트만의 독특한 기업 문화를 만들어 가고 있었다.

2등석에 오르는 억만장자

세계 컴퓨터 시장과 소프트웨어 시장을 지배하는 막강한 기업, 마이크로소프트의 회의실에서 거친 고함 소리가 오가고 있었다. 커다란 안경을 쓴 채 직원들에게 욕설을 퍼부으며 두 팔을 휘두르고 있는 사나이, 그는 이제 세상의 꼭대기에 서 있었다.

레이크사이드 학교 컴퓨터실에서 밤을 지새우며 프로그래밍에 미쳐 있었던 왜소한 소년, 미국의 수재들이 모여 있는 하버드 대학에서 갈 길을 잃어버렸던 청년, 그리고 한때는 매출 250달러라는 참패를 경험해야 했던 젊은 사장. 그 모든 것을 경험한 중년의 사나이 빌 게이츠가 직원들을 향해 거침없이 고함을 질러 대고 있었다.

"내가 들은 말 중 가장 한심한 말이군! 도대체 무슨 말을 하고 있는 거야, 이 멍청아!"

그는 이성을 잃은 듯 보였지만 회의실에 있는 사람들은 별로 심각하게 생각하지 않았다. 사실 이런 풍경은 마이크로소프트의 회의실에선 늘 볼 수 있는 광경이었다. 세계 최고 기업 마이크로소프트의 대표인 빌 게이츠는 남들이 생각하듯 위엄과 교양을 갖춘 인물이 아니었다.

잠시 호흡을 고르며 자리에 앉은 빌 게이츠는 주위가 산만한 어

린아이처럼 의자를 앞뒤로 흔들며 생각에 잠겼다. 어떻게 보면 괴팍하기 이를 데 없고, 또 어떻게 보면 우스꽝스럽기만 한 빌 게이츠의 폭언을 들어도 직원들은 결코 그를 손가락질하지 않는다. 그는 회사에서 벌어지는 모든 일을 자신의 손바닥 보듯 훤히 알고 있는 열정적인 사람이며, 직원들이 제출하는 수많은 보고서 중 무엇이 틀렸는지 단번에 알아채는 능력 있는 사람이기 때문이었다.

회의실을 빠져나오며 직원들은 고개를 절레절레 흔들었다. 그리고 빌 게이츠한테 호되게 당한 직원을 위로했다.

"빌 게이츠가 원하는 건 자신에게 맞서서 고함을 쳐댈 수 있는 직원이야. 그가 하는 말에 반대하고 논리적으로 대드는 걸 원하는 거라고. 회사의 대표를 꺾을 정도로 유능한 직원 말일세. 그것이 우리 회사의 대표 빌 게이츠가 정말로 원하는 거야."

레이먼드에 근무하는 마이크로소프트 전 직원은 각자의 사무실을 가지고 있다. 물론 빌 게이츠에게도 자신의 사무실이 있었다. 마이크로소프트 최고 대표인 그의 사무실은 일반 직원들의 사무실보다 조금 더 클 뿐이었다. 그는 세 평 남짓한 공간에 별다른 가구를 두지 않고 업무를 보았다. 때로는 햄버거로 끼니를 해결하며 일 외의 것에는 철저하게 무관심해 보였다. 넓은 사무실도, 직원들의 옷차림도, 그리고 비행기의 1등석도 모두 그의 관심 밖이었다.

장거리 출장이 잦은 빌 게이츠는 비행기 이륙 10분 전에야 회사를 나서곤 했다. 전속력으로 달리는 자동차로 간신히 공항에 도착하면 자연스럽게 비행기의 2등석에 오른다. 세계 최고 부자가 1등석을 타지 않는 이유는 간단했다.

"1등석이건 2등석이건 도착하는 시간은 똑같잖아요."

쓸데없이 시간을 낭비하는 것도 빌 게이츠가 싫어하는 것 가운데 하나다. 그는 친구들끼리 모여 잡담으로 시간을 죽이는 것을 몹시 싫어한다. 친구들과의 만남이 있을 때 그는 모임에서 어떤 주제로 이야기를 나눌지 미리 준비하는 스타일이라고 한다.

또한 마이크로소프트 직원 중 빌 게이츠보다 더 열심히 일하는 사람은 없었을 것이다. 그는 1978년과 1984년 사이에 단 15일밖에 쉬지 않았다. 일 중독자임이 확실하지만, 그는 그저 일을 즐길 뿐이라고 이야기한다.

"나는 일이 재미있기 때문에 열심히 합니다. 그리고 사업이란 흥미진진한 하나의 도전이라고 생각합니다. 물론 내가 재미로 사업을 한다는 뜻은 아닙니다. 나는 진지하게 사업을 합니다. 하지만 좀더 창조적인 자세로, 그리고 인생을 일종의 도전으로 받아들인다면, 아마 인생과 일이 훨씬 재미있어질 겁니다."

백만장자 직원들

마이크로소프트의 직원들도 두 얼굴을 가졌다. 그들의 사무실은 자유로운 대학 캠퍼스를 연상하게 한다. 복도에서 공을 가지고 노는 사람들, 자신의 방에 좋아하는 가수 사진을 덕지덕지 붙여 놓은 프로그래머, 오후가 돼서야 느긋하게 출근하는 꽁지머리의 남자. 이런 회사 풍경을 바라보면서 빌 게이츠는 앨버커키의 아파트 시절을 떠올린다. 그때도 스무 살이 갓 넘거나 채 안 된 어린 프로그래머들이 마음대로 사무실을 꾸미며 자유롭게 일하지 않았던가! 그러나 마이크로소프트는 눈에 보이는 것처럼 만만한 곳이 결코 아니다. 직원들은 보이지 않는 경쟁을 하면서 하루하루를 보낸다.

마이크로소프트의 직원들은 마치 일개미처럼 일해야 한다. 하지만 누구도 강요하지는 않는다. 마치 벌집처럼 빽빽한 사무실에서 그들은 누구의 간섭도 받지 않고 자신이 맡은 프로젝트를 수행한다. 일주일에 80시간 이상 일에 파묻혀 사는 것이 일상처럼 되었을 정도다. 그렇다고 다른 회사보다 훨씬 많은 급여를 받는 것도 아니지만, 마이크로소프트 직원 중 5000명이 넘는 사람이 이미 백만장자가 되었다. 어떻게 이런 일이 가능한 걸까?

1997년, 빌 게이츠는 직원들에게 파격적인 제안을 했다. 성과에 따라 직원들에게 회사 주식을 배분해 주겠다는 것이었다. 즉, 마이크로소프트에서는 열심히 일하고 눈에 보이는 실적을 올린 사람이 부자가 될 수 있었다. 빌 게이츠는 직원들에게 자신이 하는 일에 관해서는 자기 자신이 사장이라는 인식을 심어 주기 위해 노력했다.

그렇기 때문에 직원이 어떤 머리 모양을 하든, 어떤 옷을 입든, 업무 시간 중에 큰 소리로 음악을 듣든 그는 아무런 상관을 하지 않았다. 결과는 언젠가 나오게 마련이니까.

어떤 이는 백만장자가 되고, 어떤 이는 매년 보잘것없는 연봉에 만족하는 것이 마이크로소프트의 모습이다. 빌 게이츠는 직원들이 일한 만큼 대우를 받게 하는 것이야말로 가장 공평하고 합리적인 경영 방법이라고 생각한다.

빌 게이츠의 조언

지금은 보이지 않는 것을 보아라

1975년, 빌 게이츠는 친구이자 선배인 폴 앨런과 함께 마이크로소프트를 만들었다. 그들의 목표는 '모든 가정의 책상에 마이크로소프트의 소프트웨어를 사용하는 컴퓨터를!'이었다.

결국 사람들이 보지 못한 미래를 보고 자신의 사업을 그려 간 빌 게이츠는 꿈을 이루었다. 전 세계 컴퓨터에 깔려 있는 운영 체제 소프트웨어의 90퍼센트 이상이 빌 게이츠의 회사인 마이크로소프트의 이름을 달고 있다.

새로운 기술을 재빨리 사들여라

IBM의 계약을 따내기 위해 빌 게이츠는 발 빠르게 움직여야 했다. 어떻게 하면 다른 경쟁사들보다 더 빠르게, 더 낮은 가격으로 운영 체제를 공급할 수 있을까? 이것이 성공의 열쇠였다.

빌 게이츠는 자신이 직접 프로그램을 만드는 것을 포기했다. 대신 이미 훌륭한 운영 체제를 만들어 놓은 회사를 찾아다녔다. 결국 빌 게이츠는 시애틀에 있는 한 회사로부터 Q-DOS라는 프로그램을 약 5만 달러에 사들였다. 그리고 이 프로그램을 IBM의 입맛에 맞게 고쳐 계약에 성공했다.

물론 Q-DOS는 마이크로소프트의 이름을 따 MS-DOS라고 고쳤고, 5만 달러에 사들인 DOS프로그램은 한 달에도 수백만 장씩 팔려 나갔다.

Q-DOS를 상품화시켜 유명해지기 시작한 빌 게이츠와 마이크로소프트는 그 뒤로도 가능성 있는 소프트웨어를 사들여 상품화시켰다.

베끼는 것을 두려워하지 말아라

1985년, 빌 게이츠는 DOS를 대신할 새로운 운영 체제 '윈도즈'를 내놓았다. 윈도즈는 DOS에 비해 사용하기가 매우 편리했다. 어두컴컴한 모니터에 서툰 솜씨로 일일이 명령어를 입력하지 않아도 컴퓨터를 사용할 수 있게 한 것이다.

그런데 이 윈도즈는 마이크로소프트의 순수 창작물이 아니었다. 이미 1년 전에 애플이 세상에 선보인 것이었다. 빌 게이츠는 이 프로그램의 편리함을 한눈에 알아봤다. 빌 게이츠는 애플이 세상에 내놓은 이 편리한 운영 체제의 아이디어를 훔쳤다. 그리고 자신의 고객인 다른 컴퓨터 회사들이 이 획기적인 운영 체제—그림만 클릭해도 컴퓨터를 사용할 수 있는—를 사용할 수 있도록 프로그램을 수정해서 컴퓨터 시장에 내놓았다.

다른 이가 개발한 프로그램을 베꼈다는 비난을 받고 있지만, 윈도즈는 결국 빌 게이츠를 소프트웨어 제국의 황제로 만들어 주었다.

자신의 제품이 업계 기준이 되게 만들어라

빌 게이츠에게 소프트웨어 제국의 황제가 될 수 있는 길을 열어준 것은 윈도즈였다. 하지만 그것은 시작에 불과했다.

윈도즈의 편리함은 대중을 사로잡았고, 세계의 컴퓨터 회사들은 윈도즈를 운영 체제로 선택했다. 전 세계에서 팔려 나가는 컴퓨터가 몇 대인지 생각한다면 윈도즈의 위력을 실감할 수 있을 것이다. 이제 거꾸로 컴퓨터 회사들은 윈도즈가 제대로 실행되는 컴퓨터를 만들고 있다. 그리고 재미있는 게임을 만드는 소프트웨어 회사들, 가정과 회사에서 쓰기 편리한 소프트웨어를 만드는 수많은 회사들도 윈도즈에서 잘 실행되는 소프트웨어를 개발하고 있다.

결국 마이크로소프트 없이는 컴퓨터를 제대로 사용할 수 없는 상황에까지 이르게 된 것이다. 이것은 마이크로소프트의 윈도즈가 컴퓨터의 '기준'이 되었다는 것을 의미한다.

많은 사람들은 재미있는 게임을 즐기기 위해, 또 멋진 문서를 작성하기 위해 자신의 컴퓨터에 윈도즈를 깔기를 원한다. 또한 이미 너무 많은 사람들이 윈도즈에 익숙해 있기 때문에 어느 날 갑자기 새로운 운영 체제가 등장한다 해도 컴퓨터 회사나 소프트웨어 회사, 일반 고객들은 쉽게 윈도즈를 버리지 못할 것이다.

컴퓨터를 사용하는 고객이면 누구나 마이크로소프트의 제품을 사용할 수밖에 없도록 만드는 것, 이것이 빌 게이츠의 가장 중요한 전략 중 하나다.

완벽함을 버려라

우리는 윈도즈를 사용하면서 때로 많은 불편을 겪을 것이다. 중요한 순간에 화면이 정지되어 버리는 일쯤은 이제 익숙해져 있을지 모르겠다. 도대체 왜 마이크로소프트는 완벽한 제품을 내놓지 못하는 걸까?

빌 게이츠는 오랜 시간 공들여 결점 없이 만든 소프트웨어를 비싼 값에 파는 것보다, 완벽하지 않더라도 싼 값에 파는 것이 이익이라고 생각한다.

다른 회사보다 싸고 빠르게 제품을 공급하다 보니 컴퓨터 회사들도 마이크로소프트의 제품을 마다할 이유가 없다.

완벽하지 않은 제품을 사용하다 보니 실제 사용자들은 불편을 겪는다. 그렇더라도 긴 시간을 들여 완벽한 제품을 내놓느니, 불완전한 제품이지만 재빨리 세상에 내놓아 사용자의 반응을 체크하고 끊임없이 수정을 해 나가는 것, 이것이 결국 먼 미래를 내다봤을 때 사용자들에게도 이익이라는 것이 빌 게이츠의 생각이다.

1분 1초가 빠르게 변하는 컴퓨터 세상에서 살아남기 위해선 완벽함만을 추구하는 '장인 정신'은 버려야 한다는 게 빌 게이츠의 생존 전략이다.

비난받는 컴퓨터 황제

1994년 1월 1일, 서른여덟 살의 빌 게이츠는 하와이에 있었다. 그는 하와이의 한 호텔을 통째로 빌렸다. 하와이의 라나 섬에서는 빌 게이츠가 초대한 사람들이 파티 분위기를 한껏 즐기고 있었다.

그날은 빌 게이츠의 결혼식이 있는 날이었다. 빌 게이츠의 신부는 마이크로소프트 직원이었던 메린다 프렌치였다. 두 사람에겐 더할 나위 없이 행복한 출발이었다. 그러나 마이크로소프트 대표로서 빌 게이츠는 곧 벌어질 새로운 시대의 문턱에까지 와 있었다.

인터넷 전쟁

1990년대, 스무 살에 회사를 만들고 사업에 뛰어든 빌 게이츠의 이야기가 유명해지자 전 세계 수많은 젊은이들이 제2의 빌 게이츠를 꿈꾸며 컴퓨터 사업에 뛰어들었다. 그리고 1995년, 스물세 살의 마크 앤드리슨이 빌 게이츠의 컴퓨터 제국에 도전장을 들이밀었다. 그가 공격한 분야는 인터넷이었다. 1994년, 대학생인 마크 앤드리슨이 인터넷 시장에 진출하기 위해 만반의 준비를 갖추고 있을 때, 빌 게이츠는 간부 회의에서 못마땅한 표정을 짓고 있었다. 누군가 인터넷을 개발해야 한다고 이야기했기 때문이다.

"이봐! 제발 멍청한 소리는 집어치우라고. 인터넷은 돈이 안 되는데, 어떻게 그게 마이크로소프트의 흥미로운 사업이 되겠는가!"

빌 게이츠는 인터넷의 부상에 대해선 감감무소식이었다. 늘 미래를 예견해 왔던 빌 게이츠의 돌이킬 수 없는 실수였다.

1994년 12월, 마크 앤드리슨은 넷스케이프(Netscape)라는 회사를 만들고, 인터넷 검색 프로그램인 '네비게이터(Navigator)'를 발표했다. 사람들은 세계를 연결하는 인터넷의 신기함에 매료되었다. 네비게이터는 7개월 만에 4억 달러어치가 팔렸다. 어마어마한 액수였다. 네비게이터는 순식간에 인터넷 시장을 정복했다.

제2의 빌 게이츠, 네비게이터를 개발해서 상품화한 마크 앤드리슨은 빌 게이츠보다 더 현명한 예측력으로 억만장자의 대열에 오르게 되었다. 그리고 마크 앤드리슨은 인터넷을 무기로 빌 게이츠를 능가하는 소프트웨어 황제에 오를 것처럼 보였다. 마치 빌 게이츠가 억만장자의 대열에 오르게 된 과정처럼 말이다.

빌 게이츠는 무서운 속도로 부상하는 인터넷 시장을 지켜보면서 자신이 돌이킬 수 없는 실수를 저질렀다는 걸 알게 되었다.

'내가 무슨 생각을 하고 있었던 거지? 어떻게 내가 이런 결과를 예측하지 못했던 것일까?'

비로소 정신이 번쩍 든 빌 게이츠는 넷스케이프를 상대로 대 반격에 나서기로 했다. 인터넷 시장에 뛰어들기로 한 것이었다. 그러나 선두가 되기에는 이미 늦은 듯했다. 인터넷 사용자의 80퍼센트 이상이 네비게이터를 사용하고 있었기 때문이다.

모두들 마이크로소프트가 인터넷 시장에서 승자가 될 수 없을 것이라고 말했다.

다윗과 골리앗의 싸움

컴퓨터 산업은 1분 1초가 다르게 변화했다. 빌 게이츠가 마이크로소프트를 처음 만들었을 때와는 비교도 안 되는 변화의 속도였다. 숨 막히는 경쟁, 언제라도 순위가 뒤바뀔 수 있는 현실은 강자에게 조금의 여유도 허용하지 않았다.

신문을 읽고 있던 빌 게이츠의 속이 타들어갔다.

"이제 세계의 컴퓨터 산업은 인터넷을 지배하는 자의 것이 된다. 마이크로소프트의 시대는 끝났으며, 이제 넷스케이프가 마이크로소프트의 자리를 차지할 것이다."

컴퓨터 전문가들은 발 빠르게 인터넷 시장에 진입한 넷스케이프에 찬사를 보냈다. 늘 승승장구하던 마이크로소프트에 최대 위기가 닥쳐 온 것이었다.

'더 이상 지체해서는 안 된다, 더 이상. 넷스케이프에 대항할 수 있는 것을 만들어야 해. 1초라도 빨리!'

빌 게이츠는 최고의 인력을 투입해 인터넷 사업에 뛰어들었다. 마이크로소프트가 인터넷 검색 프로그램을 개발하고 있다는 소식은 넷스케이프를 충격에 빠뜨렸다. 직원 2만 5000명을 거느린 거대 기업 마이크로소프트에 비하면 넷스케이프는 겨우 220명의 직원을 거느린 개미 같은 존재였다. 그것은 마치 다윗과 골리앗의 싸움 같았다. 빌 게이츠는 인터넷 관련 소프트웨어 개발에 20억 달러가 넘는 돈을 쏟아부었다.

빌 게이츠가 네비게이터의 상대로 개발한 인터넷 검색 프로그램은 인터넷 익스플로러(Internet Explorer)였다. 하지만 넷스케이프에게 빼앗긴 소비자를 어떻게 다시 끌어모으느냐 하는 문제가 남아 있었다. 빌 게이츠는 적을 한 번에 무너뜨릴 수 있는 완벽한 전략을 원했다.

마이크로소프트는 공짜 전략을 택했다. 최근에 개발한 윈도 95를 구매하는 사람들은 인터넷 익스플로러를 덤으로 얻을 수 있었다. 그리고 누구나 인터넷에서 인터넷 익스플로러를 다운로드할 수 있게 했다. 게다가 인터넷 익스플로러를 사용하는 사람은 각종 사이트에 무료로 접속할 수 있게 했다. 물론 네비게이터를 이용하는 사람은 돈을 내야만 했다.

이 모든 전략에 넷스케이프는 서서히 무너지고 말았다. '공짜'라는 전략 앞에서 대중들의 발길은 어쩔 수 없이 익스플로러로 쏠린 것이다. 게다가 빌 게이츠에겐 윈도즈라는 강력한 무기가 있었다. 즉, 세계 컴퓨터의 90퍼센트 이상에 윈도즈가 깔려 있었고, 윈도즈가 있어야만 컴퓨터가 돌아갔다. 빌 게이츠가 넷스케이프를 꼼짝못하게 하는 방법은 간단했다. 운영 체제를 지배하고 있는 빌 게이츠는, 네비게이터가 윈도즈상에서는 원활하게 실행되지 않도록 만들 수도 있었다.

승리의 여신은 빌 게이츠에게 미소를 보냈다. 하지만 인터넷 전쟁에서의 빌 게이츠의 승리에 박수를 보내는 사람은 소수에 불과했다.

마이크로소프트를 상대로 한 청문회

1998년 3월 3일, 마이크로소프트를 상대로 한 청문회가 열리고 있었다. 청문회에 참석한 의원들의 차가운 목소리가 회의장에 울려 퍼지고 있었다.

"빌 게이츠는 컴퓨터 업계의 자유로운 경쟁과 발전을 막고 있는 것처럼 보입니다. 그는 미국의 독점 금지법을 위반하고 있습니다."

이 청문회에서 심판을 받게 된 인물은 빌 게이츠였다.

넷스케이프를 무너뜨린 일이 마이크로소프트가 미국의 컴퓨터 시장을 독차지하고 있는 독점 기업이라는 확실한 증거로 채택되었다.

마이크로소프트에 의해 무너진 넷스케이프의 최고 경영자가 청문회에 참석한 청중들을 향해 호소력 있는 목소리로 물었다.

"이 중에서 컴퓨터를 사용하시는 분은 손을 들어 주십시오."

대부분의 청중이 손을 들었다. 이어서 그는 목소리에 힘을 주어 말했다.

"그럼 마이크로소프트의 윈도즈를 쓰지 않는 사람만 손을 들어 주십시오."

청문회장은 조용했다. 거의 아무도 손을 들지 않았다. 마이크로소프트에 의해 처참하게 짓밟힌 넷스케이프의 최고 경영자는 분노가 치밀어 오르는 목소리로 말했다.

"바로 이게 독점입니다."

마이크로소프트가 윈도즈를 무기로 모든 소프트웨어를 독점하고 있다는 것이었다. 물론 최고의 피해자는 잘나가고 있던 넷스케이프였다. 하지만 청문회에 모습을 드러낸 빌 게이츠는 도무지 이 분위기를 이해할 수 없다는 듯 자신을 변호했다.

"마이크로소프트가 아무도 넘볼 수 없는 세계 최고의 자리에 오르게 된 것은 경쟁사들을 무너뜨리기 위한 야심 때문이 아니라 급속한 기술 발전 때문입니다. 우리에게 늘 중요했던 것은 단지 좋은 소프트웨어를 개발하는 것뿐이었습니다."

독점의 시대

청문회가 진행되고, 마이크로소프트에 대한 반독점 소송이 계속되고 있었다. 미국은 한 기업의 독점을 금지하는 나라였다. 독점은 자유로운 시장 경쟁을 불가능하게 하기 때문이었다.

소송이 진행되고 있던 1998년 4월, 빌 게이츠는 시카고에서 진땀을 흘리고 있었다. 넷스케이프를 무너뜨리고 자신의 제국을 정비한 마이크로소프트가 좀 더 성능이 나은 운영 체제인 윈도 98을 발표하는 자리였다.

인터넷 전쟁 속에서 발표된 윈도 95는 1억 5000만 개가 판매되었다. 대성공이었다. 윈도 95는 빌 게이츠와 마이크로소프트를 누구도 넘볼 수 없는 컴퓨터 세계의 최강자로 올라서게 했다. 운영 체제뿐만 아니라 인터넷을 장악한 마이크로소프트의 앞길은 그야말로 탄탄대로였다.

하지만 윈도즈는 완벽한 운영 체제가 아니었다. 사람들은 윈도즈가 멈춰 버리는 순간 나타나는 파란 화면을 보며 짜증을 냈다.

'알 수 없는 치명적인 오류'라는 글이 뜨고 시스템은 종종 멈추어 버렸다. 물론 사람들은 좀 더 안정적인 운영 체제를 원했다. 하지만 마이크로소프트가 업그레이드된 새로운 윈도즈를 내놓는 것 외에 달리 방법이 없었다. 어떤 회사도 윈도즈에 맞먹을 만한 운영 체제를 개발하지 않았다. 참패할 것이 뻔한 마이크로소프트와의 경쟁을 두려워했기 때문이다.

1998년, 시카고에서 열린 윈도 98 설명회에서 8만 5000명의 컴퓨터 전문가들은 새로워진 윈도즈의 모습에 크게 기대하지 않는 것 같았다.

마치 예정된 순서처럼, 한 직원이 윈도 98에 접속하는 순간 컴퓨터는 작동을 멈춰 버렸다. 빌 게이츠는 대수롭지 않게 대처했다.

"아직 해결되지 않은 버그가 있는 것 같습니다."

불완전한 프로그램을 만들고 그것을 상품으로 내놓는 빌 게이츠였지만 누구도 그의 앞길을 막을 수 없었다. 세상의 컴퓨터는 이미 그의 것이 되어 버렸기 때문이다. 컴퓨터의 미래를, 그리고 컴퓨터를 사용하는 소비자의 미래를 손에 쥐고 있는 사람이 빌 게이츠였다.

최고의 게임, 사업

소송은 4년간 계속되었다. 그리고 소송은 마이크로소프트의 패배로 끝났다. 하지만 아무런 변화도 없었다. 소송이 진행되는 동안 마이크로소프트의 인터넷 익스플로러가 이미 세상을 장악해 버렸기 때문이다.

1000달러로 시작한 마이크로소프트. 행운과 기회가 찾아오고 모험의 세계에 뛰어들었던 지난날이 빌 게이츠는 마치 흥미진진한 게임 같았다고 생각했다. 사람들은 빌 게이츠가 마치 돈을 버는 거대한 컴퓨터 같다고 비아냥거렸다. 하지만 정작 그 자신은 돈보다 일과 도전에 늘 관심이 있었을 뿐이라고 말한다.

"오늘날까지도 내 관심은 얼마나 많은 돈을 벌어들이느냐 하는 것이 아닙니다. 만약 나에게 지금 하고 있는 일과 엄청난 재산 중 하나를 선택하라고 한다면, 나는 주저 없이 일을 선택할 것입니다."

빌 게이츠는 사업을 즐기고 있었다. 경쟁 업체들의 반격, 위기에서 헤쳐 나오는 법, 다시 정상의 자리를 차지하는 것, 이 모든 것들이 빌 게이츠의 적성에 꼭 맞았다.

"사업이란 참 멋진 게임입니다. 여기에는 수많은 경쟁과 최소한의 규칙이 있죠. 그렇게 해서 벌어들인 돈은 단지 점수를 매기는 것일 뿐입니다."

재산이란 단지 성적표와 같은 것이었다. 빌 게이츠에게 중요한 것은 성적표가 공개되기 전 어떤 도전을 받았을 때 그 도전을 어떻게 이겨 내는가 하는 것이었다.

꿈꾸는 어른

마이크로소프트의 일대기는 작고 초라한 회사가 어떻게 세계 1위의 기업으로 비상할 수 있었는지를 우리에게 잘 보여 준다. 마이크로소프트에 있어서 가장 중요한 것은 빌 게이츠가 끝까지 자신의 꿈을 믿었다는 것이다. 그는 '세상 모든 사람들이 컴퓨터를 가지게 될 것'이라는 미래를 믿고 한 걸음씩 자신 앞에 펼쳐진 길을 따라 왔다. 그리고 최정상에 선 지금, 그는 아직도 완성되지 않은 자신의 꿈을 완성해 나가려 하고 있다.

멋진 상상

빌 게이츠는 어마어마한 재산가다. 그의 재산은 지금 현재도 빠

른 속도로 증가하고 있다. 하지만 어느덧 빌 게이츠에게도 일과 재
산보다 더 소중한 것이 생겼다. 세 자녀를 둔 아버지로서의 삶이 그
것이다. 결혼을 하고 자녀가 생기면서 밤새도록 일하는 습관도 버

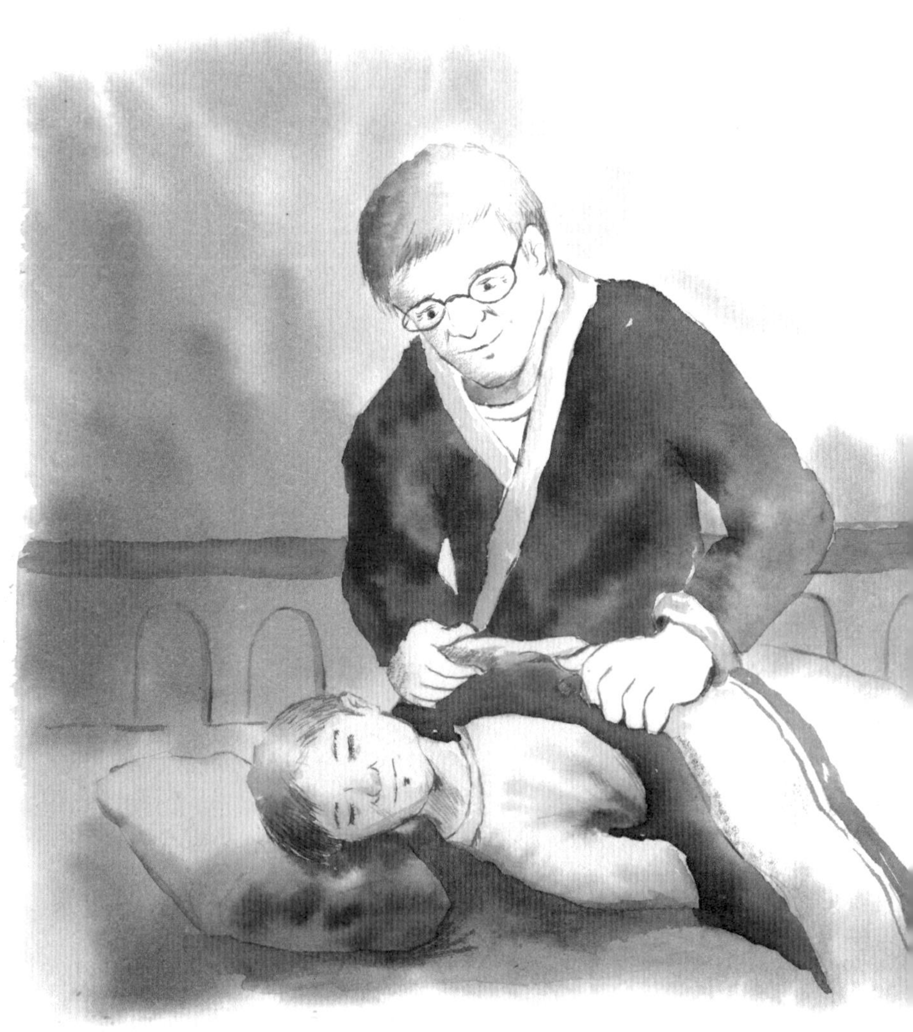

렸다. 또한 귀여운 아이들을 무릎에 앉히고 게임을 즐기거나 자장
가를 불러 주는 자상한 아버지가 되려고 노력했다.

　자라나는 아이들을 보면서 빌 게이츠는 자신의 어린 시절을 떠
올리고는 했다. 일곱 살에 백과사전을 외우던 일, 시애틀에서 자주
열리던 미래 박람회에서 정신을 못 차리고 황홀해했던 일들이 스

쳐 갔다. 그리고 빌 게이츠는 어마어마한 부자 어른이 된 자신이 또 무엇을 할 수 있을까 하고 재미있는 상상의 나래를 폈다.

'세상에서 가장 멋진 집은 어떨까? 한마디로 꿈의 저택. 집 안에서 과학 소설에나 등장하는 미래 생활을 즐길 수는 없을까?'

빌 게이츠는 곧 실행에 옮겼다. 그리고 1998년, 빌 게이츠는 꿈의 저택을 갖게 되었다. 약 7300만 달러(당시 약 600억 원)의 비용을 들여 집을 지었다.

워싱턴 호숫가 언덕 위에 우뚝 서 있는 집은 500년 된 전나무로 지어졌다. 지붕은 에너지를 절약하기 위해 스테인리스 스틸로 만들어졌다. 빌 게이츠의 꿈의 저택은 마치 자연의 일부처럼 보였다. 하지만 내부에는 빌 게이츠의 엄청난 상상력이 도사리고 있었다. 그것은 말 그대로 꿈의 저택이었다.

커다란 수영장, 호수가 한눈에 보이는 식당, 극장, 부두, 100대의 자동차를 주차할 수 있는 주차장이 손님들을 위해 마련되었다. 다섯 개의 건물 중 빌 게이츠의 가족이 살게 될 집에는 20개의 침실과 24개의 욕실, 6개의 부엌이 마련되어 있었다.

빌 게이츠의 집에 초대받은 손님들은 앞으로 무슨 일이 벌어질 것인지 잔뜩 기대하고 있었다. 멋진 파티와 맛있는 음식, 유명 인사와의 만남. 사람들의 상상은 억만장자의 저택에 방문한다는 것에만 머물러 있었다. 그러나 정말로 놀라운 미래의 모습이 그 집에 숨어 있었다. 빌 게이츠의 저택을 방문한 사람들은 곧 자신들이 억만장자의 저택이 아닌, 꿈꾸는 어른의 집에 방문했다는 사실을 알아챌 것이었다.

빌 게이츠의 초대를 받은 손님들은 영문을 모르겠다는 표정이었다. 마치 박람회장에 입장하듯, 손님들은 옷에 각자의 핀을 꽂고 들어가야 했다. 그리고 놀라운 일이 벌어졌다. 손님들은 집 안 어디를 가든 자신들의 취향에 꼭 맞는 음악을 들을 수 있었고, 고개를 돌리면 어느새 자신이 가장 좋아하는 그림이 모니터에 나타났다. 컴퓨터에서 보고 싶은 영화를 고르면, 즉시 사람들 주변에 있는 스크린에 화면이 살아났다.

수영장 물속에서도 음악을 들을 수 있도록 파이프가 설치되어 있었고, 수영을 하던 사람들은 잠수하여 집 밖으로 나갈 수도 있었다.

빌 게이츠는 이 집에 사업가가 아닌, 미래를 설계하는 기술자로서의 욕망을 마음껏 실현하고 싶었던 것이다. 빌 게이츠의 꿈의 저택 천장에는 그가 좋아하는 고전 명작 『위대한 개츠비』의 한 구절이 새겨져 있었다.

"이 푸른 잔디에 도달하기까지 그는 머나먼 길을 지나왔다. 이제 그의 꿈은 매우 가까이 있는 것처럼 보여서 조금만 앞으로 쓰러지면 그것을 잡을 수 있을 것 같았다."

『위대한 개츠비』의 한 구절은 과거에서 지금까지 끊임없이 꿈을 좇으며 살아온 빌 게이츠의 모습을 대변해 주고 있었다.

모든 사람들에게 컴퓨터를!

빌 게이츠는 아직도 많은 사람들이 컴퓨터를 사용하지 못하고 있는 것이 마음에 걸렸다. 미래의 세계는 컴퓨터와 인터넷이 지배할 것이고, 이 도구만이 사람들을 평등하게 만들어 주는 수단이 될 것이라고 믿기 때문이었다.

비록 컴퓨터 세계를 지배한다는 평가를 받는 그였지만, 아직 가야 할 길이 멀다고 생각했다. '모든 가정과 사무실 책상에 컴퓨터 한 대씩을!'이라는 그의 목표가 달성되고 있지 않기 때문이었다. 빌 게이츠는 소프트웨어 사업만으로는 끝내 그 꿈이 이루어질 수 없으리라는 것을 깨달았다. 다른 방법을 찾아야만 했다.

1997년, 빌 게이츠는 새로운 분야에 눈을 돌렸다. 그것은 자신의 오랜 꿈을 이루는 것과 동시에 세상 사람들을 보다 평등한 미래로 끌고 가는 일이었다. 빌 게이츠는 자신의 아내와 함께 자선 재단을 설립하고 도서관과 학교에 아낌없는 지원을 약속했다.

빌 게이츠의 최종 목표는 2002년까지 도시, 시골, 빈민가, 상류층 할 것 없이 모든 사람들이 인터넷을 사용할 수 있게 한다는 것이었다. 그는 이 엄청난 자선 사업을 위해 2억 달러를 기부했다. 그리고 마이크로소프트의 소프트웨어를 무료로 공급하기 시작했다.

빌 게이츠의 지원 규모는 점점 커졌다. 2001년에는 미국 공립 학교에 10억 달러 상당의 컴퓨터와 소프트웨어를 제공했다. 그리고 그의 새로운 아이디어는 미국뿐만 아니라 전 세계로 확대되었다. 하지만 빌 게이츠의 이런 행동은 또다시 도마에 올랐다. 사람들은 빌 게이츠의 자선 사업이 학교마저 지배하기 위한 또 하나의 야심에 불과하다고 말했다.

"많은 학교에 윈도 운영 체제가 깔린 컴퓨터를 설치하고 나면 마이크로소프트는 엄청난 잠재 고객을 쉽게 확보하는 셈이 될 것이다!"

빌 게이츠가 하고 있는 일은 순수한 자선이 아니라 소프트웨어를 팔기 위한 또 하나의 속셈이라는 것이었다. 하지만 빌 게이츠는 사람들의 비난에는 아랑곳하지 않고 계속해서 지원을 늘려 나갔다. 그는 오랜 꿈을 위해 이것을 멈출 수 없었다. 그리고 빌 게이츠에게는 억만장자로서 해야 할 또 다른 임무가 남아 있었다.

억만장자를 변화시킨 아프리카

1998년, 한 잡지에서 충격적으로 보도된 아프리카의 실상은 빌 게이츠에게 1993년의 여행길을 떠올리게 했다.

1993년, 빌 게이츠는 부인 멜린다 프렌치와 아프리카 방문 길에 올랐다. 세계 정상에 올라 있는 이 부부의 눈에 아프리카 원주민들의 모습은 충격 이상으로 다가왔다. 병에 걸려 울부짖는 어린아이들, 맨발이 부르트도록 비포장도로를 걷는 여자들, 먹을 것조차 부족한 아프리카 원주민들의 모습은 빌 게이츠가 살고 있는 세상의 반대편 모습이었다.

빌 게이츠는 자신이 상상하고 있는 화려한 미래의 모습이 어쩌면 일부 사람들의 몫일 뿐이라고 생각했다. 모든 사람들이 컴퓨터를 사용하고, 인터넷으로 여가를 즐기고, 가정의 모든 전자 제품들이 자동화되어 사람들을 편리하고 안락하게 해 줄 거라고 믿었던 미래의 모습은 가난한 나라 사람들의 것이 아니었다. 그들에게 필요한 것은 컴퓨터가 아니라 질병을 고쳐 주고 배고픔을 해결해 주는 것이었다. 빌 게이츠는 자신의 돈을 무엇을 위해 써야 할지 똑똑히 알게 되었다. 그는 빈민국 국민들이 겪고 있는 고통을 위해 재산을 내놓았다.

빌 게이츠가 내놓은 자선 기금은 현재 말라리아와 에이즈를 퇴치하는 데 쓰이고 있다. 빌 게이츠는 그것이 억만장자가 된 자신이 해야 할 책임이라고 생각했다. 빌 게이츠는 이미 자기 재산의 절반도 넘는 돈을 자선 사업에 쓰고 있다. 그리고 죽기 전까지 총 재산의 95퍼센트를 기부하겠다고 말했다.

“내 인생의 후반은 주로 의미 있게 돈을 쓰는 일에 바쳐질 것이다.”

저는 사람들이 마이크로소프트를 깎아내리는 것을 좋아합니다. 맞습니다. 우리는 실수를 했고 실수했다는 것을 알고 있어요. 하지만 우리는 실수를 통해 배웠고, 우리의 많은 업적이 바로 그 결과입니다.

(2008년 6월, 마이크로소프트를 떠나면서)

컴퓨터 업계의 황제, 천재 사업가, 세계 최고의 부자 등 빌 게이츠에게 쏟아지는 찬사 뒤에는 그를 향한 비난도 함께했다. 완벽하지도 않은 프로그램을 시장에 내놓는 뻔뻔한 장사꾼, 막강한 힘으로 작은 기업들을 아무렇지도 않게 쓰러뜨리는 잔인한 독점 기업가……. 그는 신선한 아이디어로 세상을 놀라게 하는 스티브 잡스와 비교되며 조롱받았다. 사람들은 소프트웨어를 사고파는 상품이라고 선언한 빌 게이츠의 주장 정 반대편에 서 있는 리처드 스톨만을 영웅이라고 불렀다. 분명 컴퓨터 업계의 1인자는 빌 게이츠였지만 세상의 박수갈채는 다른 이들에게 향했다. 그리고 2008년, 빌 게이츠는 그를 향해 쏟아지는 세상의 온갖 비난에도 끄떡없이 33년을 지켜 온 마이크로소프트를 떠났다.

저의 부재는 다른 사람들이 두각을 나타낼 수 있는 기회가 될 것입니다. 저는 이제 물러나야 하며 뭔가 새로운 일이 나타날 수 있도록 해야 합니다. (마이크로소프트를 떠나면서)

마이크로소프트를 이끌면서 빌 게이츠가 해낸 일은 사람들의 일상 풍경을 바꾸어 놓은 것이다. 이제 어디서든 흔하게 컴퓨터를 볼 수 있고, 그 대다수의 컴퓨터를 작동시키는 것은 마이크로소프트의 상품들이다. 그것이 바로 열아홉 살의 빌 게이츠가 내다본 미래였다. 당시엔 누구도 믿으려 하지 않았던 미래의 모습이었기에, 승부욕이 강한 빌 게이츠에겐 더할 나위 없이 훌륭한 도전 상대였을 것이다. 빌 게이츠는 언제나처럼 그 새로운 도전에서 승리했다. 그리고 그는 자기만족에 그치는 것으로 끝내지 않고 세상을 변화시켰다. 좀 더 빠르게! 좀 더 편리하게! 말이다.

2008년 마이크로소프트에서의 공식 은퇴로 빌 게이츠의 도전은 멈추는 것일까? 이미 자신의 꿈을 이루고 세계 최고의 자리에 오른

그에게 또 다른 도전이 필요할까? 빌 게이츠의 승부욕을 자극하는 것은 남들이 이루지 못한 것을 해내는 데서 느끼는 성취감이다. 과연 무엇이 세계 최고의 부자 빌 게이츠의 승부욕을 자극할 수 있을까? 더 많은 돈? 더 많은 찬사?

2008년 1월, 세계 각국의 정치·경제계 주요 인물들이 모여 세계 경제의 발전을 논의하는 다보스 포럼에 빌 게이츠가 등장한다. 그리고 빌 게이츠는 세상을 향해 자신의 또 다른 꿈을 이야기한다. 그것은 마이크로소프트 이후의 삶, 빌 게이츠의 새로운 도전, 그러니까 빌 게이츠의 승부욕을 자극하기에 충분한 '아직 오지 않은 미래'였다.

세상은 점차 좋아지고 있지만 그 속도는 충분히 빠르지 않고, 그 혜택이 모든 사람에게 골고루 돌아가는 것도 아닙니다. …… 우리는 당연하게 생각하며 누리고 있지만, 지구 상에는 충분히 먹지 못하고, 깨끗한 물을 마시지 못하고, 전기를 이용하지 못하는 사람이 약 10억 명에 달합니다. (2008년, 다보스 포럼 연설 중)

부자와 가난한 사람, 가진 자와 가지지 못한 자, 그 불평등을 줄이는 것! 그것이 빌 게이츠가 발견한 새로운 도전이었다. 그는 정부와 기업이 가지고 있는 열정과 아이디어를 활용하면 더 나은 자본주의 시스템을 만들 수 있다고 주장한다. 그리고 그 역시 2000년에 설립한 빌 앤 멜린다 게이츠 재단(Bill & Melinda Gates Foundation)을 통해 가난의 고통을 겪고 있는 세상의 구석구석에 아낌없이 돈을 쓰고 있다.

세상에서 빈곤을 축소시킬 수 있는 지속 가능한 방법을 발견하게 될 것입니다. 이 과제는 열려 있습니다. 결코 끝이 있을 수 없습니다. 하지만 이런 과제를 해결하려는 열정적인 노력은 세계를 변화시키는 힘이 될 것입니다. (다보스 포럼 연설 중)

빌 게이츠는 재산의 4600분의 1만을 자식에게 남겨 주고 나머지는 모두 사회에 환원할 것이라고 세상과 약속했다.

열아홉 살에 그랬던 것처럼 '아직 오지 않은 미래'에 도전하기로 한 빌 게이츠는 또다시 승리할 수 있을까? 세상을, 사람들의 삶을 또 한 번 변화시킬 수 있을까? 길은 멀지만 빌 게이츠는 쉽게 포기하지 않을 것이다. 그 도전에서 이기기 쉽지 않기에 더더욱 포기하지 않을 것이다.

빌 게이츠 연보

1955년	10월 28일 워싱턴 주 시애틀에서 태어남.
1967년	시애틀 레이크사이드 학교에 입학.
1968년	레이크사이드 학교 어머니 모임에서 기증한 단말기를 통해 컴퓨터와 처음 대면.
1972년	여름 방학 동안 국회의 사무 보조원으로 봉사.
1973년	하버드 대학에 입학. 법학부 전공.
1974년	MITS에서 알테어 컴퓨터(Altair 8800) 생산. 전자 제품 애호가들에게 379달러에 판매되기 시작.
1975년	알테어 컴퓨터를 위한 베이직 프로그램 만들어 냄. 4월 14일 '마이크로소프트' 설립.
1976년	컴퓨터 애호가들에게 보내는 공개서한 작성, '소프트웨어는 상품'이라고 주장.
1979년	1월 마이크로소프트를 워싱턴의 밸리뷰로 옮김.
1980년	IBM 최초의 개인용 컴퓨터를 위한 MS-DOS 개발.
1981년	6월 25일 마이크로소프트의 사장이자 최고 경영자로 선출. 8월 12일 IBM 최초의 개인용 컴퓨터 'PC 5105' 공개.
1985년	윈도즈 1.0 출시. 느린 속도로 인기를 끌지 못함.

1986년	서른한 살에 억만장자가 됨. 1200명의 마이크로소프트 직원들과 워싱턴 주 레이먼드로 이주.
1990년	5월 22일 윈도즈 3.0 출시. 첫 4개월 동안 100만 카피 판매. 운영 체제 개발의 선두 주자로 입지를 굳힘.
1994년	1월 1일 멜린다 프렌치와 결혼.
1995년	8월 24일 윈도즈 95 발표. 12월 9일 인터넷 사업에 진출할 것이라고 선언.
1997년	11월 인터넷 익스플로러4 발표. 아내 멜린다와 함께 자선 재단 설립.
2003년	7년째 세계 부자 1위의 자리에 오름.
2004년	전 재산 460억 달러 중 1000만 달러만을 자식들에게 물려주고 모두 기부하겠다는 뜻을 밝힘.

빌 게이츠가 마운틴 휘트니 고등학교를 방문해서
사회에 첫발을 딛는 학생들에게 들려준 인생 철학

1. 인생이란 원래 공평하지 못하다. 그런 현실에 대하여 불평할 생각 하지 말고 받아들여라.

2. 세상은 내가 어떻게 생각하든 상관하지 않는다. 세상이 나에게 기대하는 것은 내가 스스로 만족한다고 느끼기 전에 무엇인가를 성취해서 보여 주는 것이다.

3. 대학 교육을 받지 않은 상태에서 연봉이 4만 달러가 될 것이라고는 상상도 하지 마라.

4. 학교 선생님이 까다롭다고 생각되거든 사회에 나가서 직장 상사의 진짜 까다로운 맛을 한 번 느껴 봐라.

5. 햄버거 가게에서 일하는 것을 수치스럽게 생각하지 마라. 너희 할아버지는 그 일을 기회라고 생각했다.

6. 네 인생을 네가 망치고 있으면서 부모 탓을 하지 마라. 불평만 일삼을 것이 아니라 잘못한 것에서 교훈을 얻어라.

7. 학교는 승자나 패자를 뚜렷이 가리지 않을지 모른다. 어떤 학교에서는 낙제 제도를 아예 없애고 쉽게 가르치고 있다는 것을 잘 안다. 그러나 사회 현실은 이와 다르다는 것을 명심하라.

8. 인생은 학기처럼 구분되어 있지도 않고, 여름 방학이란 것은 아예 없다. 네가 스스로 알아서 하지 않으면 직장에서는 가르쳐 주지 않는다.

9. TV는 현실이 아니다. 현실에서는 커피를 마셨으면 곧 일을 시작하는 것이 옳다.

10. 공부밖에 할 줄 모르는 '바보'한테 잘 보여라. 사회에 나온 다음에는 그 '바보' 밑에서 일하게 될지 모른다.

1. 성공한 자의 6가지 습관

미래를 주시한다

다른 사람들은 대수롭지 않게 생각하는 작은 칩에서 미래를 발견한 폴 앨런, 그리고 보이지 않는 소프트웨어를 상품이라고 주장한 빌 게이츠. 그들은 모두 미래의 모습이 어떤 것인지 상상하고, 주변에서 자신의 믿음을 확인하고는 했다.

늘 독서를 한다

빌 게이츠는 독서를 하지 않고서는 더 이상 발전할 수 없다고 강조한다. 그는 업무에 쫓기면서도 하루 한 시간 이상은 꼭 독서를 한다. 사업가가 된 후 즐겨 읽는 것은 주로 다양한 잡지다. 잡지를 통해 유행에 뒤처지지 않도록 노력하는 것이다.

도전 목표를 명확히 세운다

빌 게이츠의 한결같은 목표는 소프트웨어를 파는 것이었다. 그리고 그가 소프트웨어를 만드는 기준은 최소한 수백만 장이 팔릴 것이라고 예상되는 것들이다.

자신감이 최고의 무기다

비록 자신에게는 아무런 상품이 없을지라도 자신감을 가지고 기회를 잡아 온 빌 게이츠. 알테어 컴퓨터를 위한 베이직 프로그램을 만들 때에도, MS-DOS로 성공을 거두었을 때에도 빌 게이츠는 자신감을 무기로 기회를 잡았다.

자신에게 생각할 시간을 선물한다

빌 게이츠는 때때로 일상적인 사무에서 벗어나 '생각하는 주간'을 보내기도 한다. 마이크로소프트의 직원들 역시 '생각'을 위한 휴가에 들어간다.

멀티태스킹, 한꺼번에 많은 일을 처리한다

빌 게이츠는 한꺼번에 많은 일을 처리하는 데 천부적인 소질이 있고, 또 그것을 좋아한다. 그래서 그는 머리를 감는 것을 가장 싫어한다. 머리를 감을 때는 다른 일을 하지 못하기 때문이다.

2. 직원 관리 비결

이메일

빌 게이츠는 직원들과의 관계를 유지하기 위해 이메일을 사용한다. 직원들은 이메일 망을 통해 회사에 대한 불만을 자유롭게 토론할 수 있고, 빌 게이츠는 그것들을 일일이 검토해 답장을 보낸다.

직원 모두가 사장

마이크로소프트가 성공할 수 있었던 중요한 요인은 직원들 각자에게 맞는 일을 주고, 그 일을 끝까지 해낼 때까지 간섭하지 않는 것이었다. 빌 게이츠는 각자 다른 일을 맡고 있는 직원들 모두를 사장이라고 이야기한다.

3. 경영 철학과 경영 노하우

자신의 회사 규모에 어울리는 사업을 한다

회사 규모는 작은데 사업에 엄청난 자본이 필요하다면 하지 않는다. 적당한 소재를 찾고 일단 상품으로 내놓았을 때 많은 돈을 벌어들일 수 있는 것을 택한다.

고급 두뇌를 찾아내라

아무리 경영을 잘해도 변변치 못한 팀은 변변치 못한 결과를 낳는다. 그저 웬만큼 일하는 사람을 그대로 두고 있는 것은 흔히 있는 실수다. 훌륭한 경영자는 그를 교체하거나, 그가 분명히 성공할 수 있는 다른 일을 맡긴다. 마이크로소프트에서 새 프로젝트를 얼마나 잘 추진하느냐는 오로지 훌륭한 대학 졸업자를 얼마나 많이 확보하느냐에 달려 있을 뿐이다.

생산적인 환경을 조성하라

모두에게 사무실을 주거나, 그들을 열린 공간에 둠으로써 생산성을 극대화할 수 있다. 때로는 금전적인 인센티브를 도입할 수도 있다.

성공을 정의하라

직원들에게 성공이란 무엇이고, 어떻게 그들의 업적을 측정할 수 있는지 분명히 밝혀라. 목표는 현실적이어야 한다. 프로젝트의 작업 일정은 그 일을 직접 하는 사람에 의해 정해져야 한다. 달성이 불가능한 목표는 조직을 좀먹는다.

당신 직원들이 사장보다 더 일을 잘할 수 있도록 발전시켜라

당신의 기술을 그들에게 전수하라. 많은 똑똑한 경영자들은 이 같은 방법으로 자신을 자유롭게 하고 미개척 분야에서 새로운 일을 해낸다.

윤리를 확립하라

직원들에게 그들의 일이 회사나 고객에게 얼마나 중요한지를 느낄 수 있도록 하라. 훌륭한 성과를 얻었을 때는 모두가 그것을 함께 느낄 수 있어야 한다.

프로젝트를 직접 수행하라

직원들이 제일 싫어하는 상사는 일을 분배만 하고 정작 자신은 일 하지 않는 사람이다.

똑같은 결정을 두 번 내리지 마라

한 번에 확고한 결정을 내릴 수 있도록 시간과 생각을 잘 활용하고, 다시 그 문제를 다루지 않도록 하라. 자신 없게 지나간 문제를 끄집 어냈다가 같은 결정을 다시 내리는 것은 어리석은 일이다.

직원들에게 누구를 기쁘게 할지를 알게 하라

그것은 당신일 수도 있고 당신의 사장일 수도 있으며, 혹은 다른 사 람일 수도 있다. 직원들이 '이 사람을 기쁘게 해 줘야 하나 다른 사람을 기쁘게 해야 하나'라고 고민하게 되면 당신은 조직에서 곤란을 겪게 될 것이다.

신기술에 대비하라

그것이 현재 우리가 하는 일과 다르고 당장은 경쟁 상대가 아니라 하더라도 신기술에 대비한다. 또, 경쟁 업체들이 잘하는 것과 못하는 것을 항상 파악한다. 어떤 업체라도 잠재적으로 우리에게 위협이 될 수 있다는 것을 생각한다. 연구소에서 검토 중인 것이든 경쟁 업체에서 만든 것이든, 새로운 것에 대한 연구와 공부를 게을리하지 않는다.

(이상은 「빌 게이츠 칼럼」에서 발췌한 내용이다.)

4. 시간 관리 노하우

시간을 낭비하지 마라

시간 관리 노하우 중 가장 중요한 것은 시간을 낭비하지 않는 것이다. 예를 들어 회의에 참석하기 위해 회의실에 가는 중에도 그날 안건에 대해 미리 한 번 정리해 본다. 그렇다면 쓸데없이 회의가 길어지는 것을 막을 수 있다. 마이크로소프트 사람들은 인사말을 나누기보다는 곧장 회의에서 처리해야 할 안건에 대해 논의한다. 언제나 주어진 시간에 비해 할 일이 많다. 낭비할 시간이 없는 것이다.

동시에 많은 일을 처리한다

빌 게이츠는 시간을 아끼기 위해 동시에 많은 일을 처리하는 데 이미 익숙해 있다.

"하루 24시간으로는 시간이 너무나 부족합니다. 그렇기 때문에 저는 두 가지 일을 동시에 하고 싶은 유혹을 도저히 뿌리치지 못합니다. 저는 자전거를 타면서 동시에 신문을 읽는 일을 완벽하게 해낼 수 있습니다."

5. 위기 관리 노하우

나쁜 뉴스를 피하지 마라

우수한 경영자의 필수적인 자질은 나쁜 뉴스를 부인하기보다 정면으로 다루며 해답을 찾아내는 것이다. 모든 조직에서 많은 일들이 잘못되고는 한다. 경쟁 업체는 잘해나가는데 당신의 전략은 실패하고 당신은 고객을 잃는다. 아마 신상품은 너무 늦게 나오거나 기대만큼 잘 팔리지 않을 것이다. 아니면, 적절한 사람들을 채용하지 못할 수도 있다.

개선은 빠를수록 좋다

경영자가 일단 나쁜 뉴스의 진실을 파악하게 되면 즉각 문제를 해결해야 한다. 이 같은 경우 올바른 방법은 대개 회사의 상품이나 서비스를 바꿔 버리는 것이다. 상품이나 서비스를 바꾸고 나면 어떻게 문제를 해결했고, 어떻게 나쁜 뉴스를 없앴는지를 퍼뜨릴 수 있다. 그것은 좋은 뉴스다. 몇 년 전만 해도 인터넷이 주도적 역할을 맡을 것으로 예상했던 온라인 회사는 없었을 것이다. 그러나 거대한 변화가 현실로 나타난 이제 각 회사는 앞다투어 그것을 받아들이고 있다. 변화가 불가피할 때는 그것을 포착하고 받아들여, 거대한 변화를 활용할 수 있는 방법을 찾아내야 하는 것이다.

6. 사회 환원

1999년에서 2003년까지 가장 많은 돈을 사회에 기부한 자선가는 빌 게이츠와 멜린다 부부다. 5년간 229억 달러를 기부했다. 보유 자산은 460억 달러로 자산의 54퍼센트에 해당하는 금액을 환원한 것이다. 빌 게이츠는 죽기 전까지 재산의 95퍼센트를 사회에 환원할 것이라고 밝혔다. 그리고 2004년 1월, 그는 460억 달러의 재산 중 천만 달러만을 자식들에게 물려주고 나머지는 모두 기부할 것이라는 뜻을 밝혔다.

초판   1쇄 발행 2004년 5월 13일
개정판 1쇄 발행 2012년 4월 9일
개정판 4쇄 발행 2020년 3월 23일

지은이   김이진
펴낸이   강병철
펴낸곳   더이룸출판사

출판등록 1997년 10월 30일 제1997-000129호
주소   04047 서울시 마포구 양화로6길 49
전화   편집부 02) 324-2347 경영지원부 02) 325-6047
팩스   편집부 02) 324-2348 경영지원부 02) 2648-1311
이메일   jamoteen@jamobook.com

ISBN 978-89-5707-649-1 (44990)